半世晨曉

李东桥从艺五十年纪念文集

陈彦 题

戴静 ◎ 主编

陕西新华出版
陕西人民出版社

图书在版编目（CIP）数据

半世晨晓：李东桥从艺五十年纪念文集/戴静主编．

西安：陕西人民出版社，2024. --ISBN 978-7-224-15509-9

Ⅰ.K825.78-53

中国国家版本馆 CIP 数据核字第 2024NA4741 号

封扉题字	陈　彦
责任编辑	彭　莘
整体设计	赵文君
封面设计	张　峥

半世晨晓——李东桥从艺五十年纪念文集

BANSHICHENXIAO-LIDONGQIAO CONGYI WUSHINIAN JINIAN WENJI

主　编	戴　静
出版发行	陕西人民出版社
	（西安市北大街 147 号　邮编：710003）
印　刷	中煤地西安地图制印有限公司
开　本	787 毫米 ×1092 毫米　1/16
印　张	22
字　数	200 千字
版　次	2024 年 10 月第 1 版
印　次	2024 年 10 月第 1 次印刷
书　号	ISBN 978-7-224-15509-9
定　价	99.00 元

如有印装质量问题，请与本社联系调换。电话：029-87205094

《半世晨晓——李东桥从艺五十年纪念文集》
编辑委员会

主　　编　戴　静

副 主 编　陈答才　王晓旭　李怡萱　潘　博

　　　　　吴　静　李健豪　郭百林

無不雍遊瀑神形兼備，棚之金成為奉睉扛鼎之重器值此從藝五十年之際，謹表祝賀。奉腔氣象正大，生命為古長青。陳彥李东桥是秦腔之骄子。二十四岁出演《千古一帝》秦始皇名扬天下，遂后，屡屡肩挑顶梁大木。从一代帝王到平民百姓，无不塑造得神形兼备、栩栩如生，成为秦腔扛鼎之重器。值此从艺五十年之际，谨表祝贺。秦腔气象正大。生命万古长青。

——陈彦

前言

被誉为"秦腔王子"的李东桥，是秦腔剧种的标志性人物。他先天条件优越，扮相俊秀潇洒，嗓音圆润厚实；戏路宽绰，功夫扎实，演戏形神兼备，唱念做打俱佳。在全国范围内，也是不可多得的杰出戏曲表演艺术家。

李东桥自幼从艺，秦腔艺术早已成为他生命的重要内容。在半个世纪的艺术征程中，他始终初心如磐，孜孜不倦，刻苦钻研，不断攀登，逐渐形成了个性鲜明的表演艺术风格。由他主演的《太尉杨震》《真的，真的》《留下真情》《谢瑶环》《游西湖》《恩仇记》《黄鹤楼》等剧目深得专家学者的肯定赞赏，屡获国家级及省部级大奖，广受社会各界观众好评。他领衔主演的创作剧目《千古一帝》《杜甫》《西京故事》更是家喻户晓、深入人心。1985年推出的《千古一帝》使二十四岁的李东桥获得陕西戏曲界的第一个中国戏剧"梅花奖"，2011年的《西京故事》使他成为迄今为止西北五省区戏曲生角演员中唯一的一个"二度梅"。他在《西京故事》中塑造的"小人物"罗天福,以一种感天动地的穿透力,闯入人们的视野,并迅速走红大江南北。2011年3月《西京故事》乍一问世,首轮演出即多达一百零三场,后六次赴京参加全国各类重大活动;赴二十二座城市巡演;连续多年被教育部、财政部、文化部选中参加全国"高雅艺术进校园"活动,有一百二十余所高校师生观看了他的演出。该剧囊括了国家级舞台艺术类全部重大奖项,并荣登2010—2011年度国家舞台艺术精品工程精品剧目榜首,早已成为陕西文化的响亮品牌。

　　李东桥的表演既气势磅礴、张力十足,又准确细腻、逼真生动。他用感情、用汗水、用心灵、用生命全身心投入来诠释角色,塑造人物出神入化,表演撼人心弦、感人至深。他的演唱腔调之美、字音之正、韵味之厚、音色之醇,令人击节赞叹。无论是和风细雨、娓娓道来的欢音二六,还是苍凉奇崛、奔放激越的大段苦音慢板,听来都令人感到优美舒展,酣畅淋漓。李东桥所倾力打造的舞台艺术形象,为秦腔艺术的发展持续书写新的辉煌,为中华戏曲百花园不断增添新的光彩。

　　2014年以来,西北各地有十七名优秀秦腔生角演员拜李东桥为师，均有幸得到他亲炙，其中有长足进步者，已成长为新一届中国戏剧"梅花奖"得主。2019年李东桥正式调入陕西艺术职业学院，根据国务院办公厅印发的《关于支持戏曲传承发展若干政策的通知》，学院为他成立了"李东桥大师工作室"，任命他为院秦腔艺术协同创新中心主任。在党和政府大力促进戏曲艺术繁荣发展、人才培养的新时代背景下，昔日舞台熠熠闪亮的"秦腔王子"，今日甘当扶掖后人的人梯，可谓是谋划深远、境界至臻。

李东桥是陕西戏剧的骄傲，更是秦腔艺术的骄傲。他为秦腔艺术传播传承发展做出的突出贡献，定会载入我国民族戏曲发展的壮丽史册。2024年，恰逢李东桥从艺五十周年，谨以此文集回溯、记录、纪念他半个世纪以来的成长与进步，努力与辉煌。

目录

一、专家论人

李东桥与秦腔的魅力	傅 谨	/ 002
从《千古一帝》到《蔡伦》		
——青年表演艺术家李东桥艺术风格扫描	孙豹隐	/ 011
李东桥的艺术人生	甄 亮	/ 014
中国男人	李宗奇	/ 025
李东桥小记	焦垣生	/ 028
秦腔挑梁柱　艺苑领军人		
——李东桥表演艺术的三个里程碑	张晓斌	/ 031
李东桥对于当代秦腔的价值与意义	杨云峰	/ 044
难以逾越的标杆		
——写在李东桥从事秦腔艺术五十年之际	陈答才	/ 052

秦腔之光

——记秦腔首位"梅花奖"得主李东桥　　　　　戴　静　／069

李东桥的戏曲观及其艺术创造　　　　　　　　杨立川　／080

期望中的秦腔回来了　　　　　　　　　　　　李增厚　／085

秦腔名家李东桥的文化担当　　　　　　　　　严森林　／089

二、专家评戏

秦腔《千古一帝》观后　　　　　　　　　　　何西来　／096

气魄宏伟的《千古一帝》　　　　　　　　　　王蕴明　／102

一个叱咤风云、气吞山河的帝王形象

——谈李东桥在《千古一帝》中所塑造的秦王　张静波　／106

咀嚼苦难

——说说《杜甫》这个戏　　　　　　　　　　陈　彦　／114

抵牾中的探寻

——观新编秦腔历史剧《杜甫》　　　　　　　郑宁莉　／120

继承传统剧目　汲取戏曲精髓

——李东桥潜心学《拆书》　　　　　　　　　戴　静　／126

催人泪下　振人眉宇　爽人胸怀

　　——评大型秦腔现代剧《西京故事》　　　　　　孙豹隐　／130

罗天福拨动了最敏感的一根神经

　　——秦腔现代戏《西京故事》观后　　　　　　　晓　雷　／138

李东桥的新突破　　　　　　　　　　　　　　　　苏丽萍　／144

文化部组织观看《西京故事》后召开的专题研讨会发言摘要　／148

中国戏剧家协会组织观看《西京故事》后召开的专家座谈会

　　发言摘要　　　　　　　　　　　　　　　　　　　　／154

来自上海的声音：上海专家谈《西京故事》　　　　　　　／157

陕西省委宣传部组织召开的《西京故事》专题研讨会发言摘要　／165

三、媒体聚焦

秦腔剧团在京都公演　六百年的传统吸引了观众　　　　　／176

李东桥荣获"陕西省先进工作者"称号　　　　　　　　　／178

《西京故事》荣登2010—2011年度国家舞台艺术精品工程精

　　品剧目榜首　　　　　　　　　　　　　　　　　　　／180

《西京故事》获"文华奖"　主演李东桥荣获"文华表演奖"　／183

《西京故事》获"白玉兰奖" 主演李东桥荣登"主角奖"榜首 / 187

李东桥荣获"二度梅"且位列榜首 / 198

路，在脚下延伸

——专访著名秦腔表演艺术家李东桥 / 201

李东桥访谈：秦腔是我的信仰 / 206

活化传统　用心创造

——李东桥访谈录 / 214

秦腔《西京故事》：形象化展现农民工生活境遇 / 220

《西京故事》引来众粉丝微博直播视频推荐　大学生何以迷

　　上秦腔现代戏 / 232

四、东桥心语

我是怎样塑造秦王的 / 240

"梅花奖"获奖感言 / 244

浅谈卢巴克的性格特征 / 246

秦腔，不悔的选择

——我的艺术求索之路 / 253

一次可遇不可求的大幸：我演罗天福　　　　　　　　　　／ 263

与罗天福一起拼搏共同担当　　　　　　　　　　　　　／ 268

"二度梅"获奖感言　　　　　　　　　　　　　　　　／ 272

对"梅花奖"的认识和与"梅花奖"的缘分　　　　　　／ 275

五、剧场回响

感谢信

——《西京故事》观后感　　　　　　　　　　　　　／ 278

赞《西京故事》　　　　　　　　　　　　　　　　　　／ 280

秦土　秦人　秦腔　秦魂

——有感于秦腔现代剧《西京故事》　　　　　　　　／ 282

在省委宣传部组织的《西京故事》研讨会上特邀戏迷代表发言　／ 288

六、舞台风华　　　　　　　　　　　　　　　　　　／ 293

七、屡获殊荣　　　　　　　　　　　　　　　　　　／ 319

八、薪火传承 / 327

编后记　东桥的背影 / 333

一

专家论人

李东桥与秦腔的魅力

○ 傅　谨

　　戏曲的音乐声腔形态大致分为曲牌体与板腔体两大类，其中，板腔体在戏曲剧种中占据绝对多数。在众多板腔体剧种里，秦腔是公认出现与成熟最早的，而且，一般认为，它是各地流传的乱弹、梆子、皮黄系列剧种的鼻祖。从这个角度看，秦腔在板腔体戏曲剧种中"百戏之祖"的地位是历史形成的，尽管时有人称昆剧为"百戏之祖"，但秦腔才最有资格使用这个称呼，至少在板腔体剧种中是如此。至于昆曲，这个名称对它而言并不合用。虽然确实有很多剧种的演员都向昆曲表演学习，且很多剧种里都有昆曲的牌子甚至剧目，但昆曲就是昆曲，它并没有生出其他剧种。秦腔则由于其在音乐上给予表演者很大的自由创造空间，在流播过程中演化出众多新的戏曲表达方式，在丰富的流变中不断衍生出新的地方剧种。清代以来，大致从秦腔演化形成的这些剧种，成为中国近代戏曲的主体。所以，秦腔的表演艺术在戏曲整体中具有特殊的重要性，秦腔优秀表演艺术家的影响不容忽视。

秦腔的艺术魅力是通过众多优秀表演艺术家在舞台上展现出来的。李东桥是中国当代秦腔舞台上杰出的生行演员,他在相当一个时间段里代表了秦腔表演艺术所达到的高度。早在1986年,李东桥就以《千古一帝》的精彩表演获得第三届中国戏剧"梅花奖"(以下简称"梅花奖")。他不仅是第一位获得"梅花奖"的秦腔演员,而且是西北五省区首位"梅花奖"获得者。2013年因《西京故事》获得"二度梅",更是锦上添花,进一步巩固了他作为秦腔表演艺术家的领军地位和秦腔生行演员的领衔地位。

李东桥最初是从文武小生起步的,在秦腔的脚色行当体系里,文武小生虽然重要,但是最重要的行当还是须生,其实不止于秦腔,在秦腔的传播链条上,基于秦腔发展演变形成的板腔体戏曲剧种系列有许多共有的特点,其中之一就是,脚色行当体系中地位最高的是须生,虽然称呼不一,如汉剧称"末"、京剧称"老生",但归工归路的原理都是一样的。但是秦腔里的文武小生与须生之间的界限并不是那么鲜明,从李东桥的戏路里可以看出,他即使在年轻时期的表演,也从来没有为小生所局限,中年之后更是有意识地向须生上靠,并且取得了很高的成就。至于当代秦腔舞台上的许多新创作剧目,更逐渐填平了生行中须生与小生之间的鸿沟,小生演员的戏路普遍加宽,李东桥的经历就是很好的证明。从李东桥的代表性剧目看,他既擅演须生(胡子生)的部分经典,在他的本工小生的代表性剧目中的表演,也比传统的小生更多了一份接近于须生的深度。这从他最初成名的《千古一帝》

中主演的秦王嬴政一角上就能得到很好的印证。从年龄看，剧中的嬴政刚刚加冕亲政，正值血气方刚之时，其外表形象应该近于小生；但是从嬴政的性格看，他横扫六合的气势，又完全可以将须生的声音与身段中的某些特点熔于一炉，才能将人物表现得淋漓尽致。至于他其后主演的如《太尉杨震》《杜甫》等剧，尤其是《西京故事》，就更接近于须生而离小生渐行渐远。因此论李东桥的行当，他虽不离传统文武小生的格范又不囿于此，但是他并不是小生兼抱须生，而是在风流俊雅见长的小生基础上，以须生的厚实凝重拓宽表演领域，因而推动秦腔近代以来脚色体系的发展变化，最终基本完成了新的定格。

近代以来，很多戏曲剧种的脚色行当体系发生了微妙的变化，随着城市平民逐渐成为戏曲观众的主体，在戏曲各剧种演出剧目中，生旦戏的分量逐渐加重，这一趋势一方面提升了旦行地位，另一方面令生行演员中须生的霸主地位产生了动摇。秦腔又因有易俗社而更显特殊，易俗社的各类新剧目经常有由小生而非须生担任主角的现象，小生在秦腔中的地位因此明显上升，但这样的变化，主要是增加了小生主演的剧目。而李东桥的努力则不止于此，他还通过丰富与扩展小生的艺术手段，在秦腔脚色体系中小生擅演剧目的基础上主动地向须生拓展，让自己的艺术表现范围更为开阔。当然，这不应该简单地看成是李东桥个人的追求与贡献，这与他长期工作和成长的所属单位的整体艺术追求与贡献分不开。1949年之后从延安整建制移师到省城西安的陕西省戏曲研究院在秦腔的当代发展进程中是一个特殊的存在，它在艺术上既不像易俗社那样激进地拒绝所有传统剧目，也不满足于传统戏的演出，而是传统与现代兼收并蓄。身处这样的艺术环境，李东桥的艺术道路既不离传统秦腔的大致格局，又不会受其所限。诚然，时代的影响昭然，秦腔生行的格局变化因素颇多，传统脚色行当体系在时代冲击下的变化也并非全是积极态势。不过这并不影响优秀的表演艺术家如李东桥的演出，秦腔须生地位并没有变化，擅演剧目更丰富了，且能在小生的艺术表达中增添须生的厚重感，扩展这个行当的戏剧光谱，这些都不是坏事。

李东桥曾经一直被人们誉为"秦腔王子"，这个雅号与他年轻出道的经历及其文武小生的行当特征是分不开的。他最初成名的《千古一帝》产生巨大影响，并且让他成为秦腔界第一位"梅花奖"得主时，他刚刚从户县剧团调到陕西省戏曲研究院，那时他只有二十五岁。然而即使在当时，他在秦腔舞台上也不是一般意义上外表俊美、内心善良的"王子"形象，他在舞台上凸显的是具有力量感的霸气。无论是传统戏还是新剧目的演出，李东桥的表演都有这样的特点。

李东桥在其传统戏代表作《黄鹤楼》中所呈现的，即是这种充满霸气的表演。《黄鹤楼》是众多板腔体大剧种的经典剧目，在戏曲舞台上演出了数百年，表演格局基本成型，因此最容易分辨表演者水平高下。《黄鹤楼》是周瑜、赵云、刘备三个男人的戏，很难说谁主谁从，完全看三位演员的表演功力。李东桥表演的《黄鹤楼》里，他所饰演的周瑜成为无可争辩的主人公，从开场周瑜的第一段念白开始，他就以扎实的基本功牢牢抓住了观众。在戏里，李东桥以字字千钧的喷口、以令人窒息的威慑力逼向刘备，索要荆州。戏里周瑜所用的语言看似客套，却尽显逼人的气势，这也是李东桥的表演特色。不仅如此，在各种不同的戏剧人物的演绎里，他都因内蕴丰富的表演而令观众回味无穷。

　　戏曲是唱念做打的艺术，在《黄鹤楼》的表演中，李东桥的唱功和身段完美地融为一体，相互激发出具有情感冲击效应的魅力。周瑜要堵住刘备讨饶说情的话头，他抢先唱出了"推辞的话儿再休讲"，此时的李东桥动作幅度很大，他双手挥动水袖潇洒且急剧地上下翻飞，尽显周瑜虚张声势、以势压人，以及尚有一丝局面尽在掌控之中的满足感，这一看似平常的动作，体现出了周瑜那不可一世的气度和自以为胜券在握的得意。在刘备面前他处处占着上风，然而在与赵云的对手戏里，就截然不同了。不过，在英武的赵云面前，他虽也心生胆怯，却又绝不肯流露出内心的不安，他强装镇定，做出一副局势仍在他预料之中的样子，以此掩饰心虚。李东桥此时的表演所展现的是周瑜的外强中干、色厉内荏。最后眼见有赵云在前，索要荆州颇难如愿，此时的李东桥演出了周瑜气急败坏、方寸大乱的感觉，并用这样的语气吩咐手下将黄鹤楼围住，从而仓皇离去。从开头时的趾高气扬到最后的力不能支，短短的一场戏，周瑜的动作表情经历了几个层次，在李东桥的表演里，我们清晰地看到这个变化的过程，由此深切领会了周瑜富有戏剧性的心理变化，更感慨于李东桥的表演才华和表现能力。

李东桥的表演能力是全方位的，这一点在他对切末（道具）的使用上也能看出来。在新编古装戏《杜甫》中，到了主人公杜甫的中老年阶段，他都有意识地选择了挂髯口的装扮，这副髯口不仅是为了追求人物外形的戏曲化，更为戏剧人物增添了在舞台上可以挥洒自如的许多手段。在《黄鹤楼》里扮演周瑜时同样如此，周瑜的一对翎子在李东桥的身上仿佛获得了生命，幅度时大时小，方向左右上下，扩张了演员的表演。这副翎子似乎总是在说话，而且它所说的经常是戏剧人物欲表达又不易透彻表达的内心语言。这样的表演当然是"耍"，但这样的耍对演员的基本功无疑是严峻的考验，并不是想耍就能耍。而戏曲武功的最高境界，是既在耍又都在戏里，李东桥的表演就是其范本。

李东桥的传统戏功底扎实，他和齐爱云合演《蝴蝶杯》的"洞房"，和李梅合演《珍珠塔》的"走雪"，在《秦香莲》的"杀庙"里演韩琦等，都因丰富多样的表演而深得观众喜爱。

秦腔《西京故事》是李东桥的现代戏表演代表作，该剧不仅在秦腔当代新剧目创作中堪称高峰，也代表了新时期以来戏曲现代戏创作的最高成就。

《西京故事》的成就不仅是戏剧文学的，同时是舞台艺术的。这后一半，主演李东桥的演绎为之做出了最重要的贡献。在剧中，李东桥根据人物的特定身份，创造了诸多极具表现力的身段，他感人至深的唱腔，更给人留下了难以忘怀的记忆。

在秦腔《西京故事》的演出进程中，人们可以清晰地感触到李东桥在扮演主人公罗天福时赋予人物的质感。罗天福从家乡来到西京城，他的社会身份与角色出现极大的落差，这一变化为这个戏剧人物奠定了基调，也成为李东桥成功饰演他的出发点。在家乡，他受众人尊敬，如果从社会阶层的角度看，罗天福毫无疑问是他所在环境里的"上流阶层"成员——一个村里的小学校长。他或许并不拥有行政权力，但他却是所有乡民敬仰的人物。对那里的成人而言，孩子代表了未来和希望，他们将孩子托付给学校，就是相信学校在校长的带领下能给予孩子及其整个家庭以美好的未来。对那些孩子而言，他更是在读书求学阶段备受崇敬的对象，无数从农村走出来的人的童年记忆里，当年的校长都是神一样的存在。然而长期处于如此环境中的罗天福退休了，并且为了自己两个争气的、考上了一流大学的孩子，一步跨入了新的、陌生的西京城。在这个新环境里，他突然意识到自己处于社会的最底层。比起供养两个孩子上大学的经济上的压力与困窘，以及这位一生从事脑力劳动的前校长在偌大年龄才改而从事体力劳动，这种身份与境遇的巨大落差带给他的冲击更为强烈。他如何适应这样的变化，认可自己作为外来农民工在城市里的新身份，才是罗天福面临的最大的挑战。他在这座城市里失去了很多，然而却依然坚强、自尊，用日渐羸弱的身体和强大的精神力量为支柱，书写了一个大写的"人"字。李东桥在戏中用他具有感染力的演出，为观众展现日常生活的凝重与辛酸，同时又通过主人公不屈地对抗厄运的努力，让人们透过沉甸甸的现实生活，看到前景中的曙光。他不只是在努力理解戏里的人，更重要的是，要为观众体味、贴近戏剧主人公寻找精彩的表现手段。他不仅为这部戏的演出花费大量心血，且每场演出过后都心力交瘁，正是如此的付出，才是《西京故事》获得成功的根本保证。

秦腔是中国古老的剧种之一，它以极具特色的苦音和欢音的和声，唱出了中国人内心深处对生活与生命的体验。就像秦腔历史上无法计数的经典剧目一样，李东桥擅长用苍凉凄切的大段苦音慢板，演绎主人公罗天福激烈的内心矛盾，尤其是在罗天福面对生活的艰辛，在放弃和坚守中挣扎时，他更把秦腔的表现力发挥得淋漓尽致。而酸楚热耳的秦腔唱腔里蕴含着的人生况味，又反过来将观众带入罗天福的生活场景与精神世界。秦腔感人至深的魅力源自大西北地区的民众千百年来在这片土地上所承受的苦难，以及在苦难面前所表现出的不屈和坚毅，伤感与激情兼而有之，典型地融化在精彩的苦音慢板中，令人击节赞叹。在很多个激情的场次里，李东桥都大量运用秦腔须生的台步和身段，将秦腔数百年积累的精彩的形体表达技艺加以充分发挥。如何在现实主义作品中充分展现秦腔的魅力，让观众在剧场里通过这些优秀的现实题材新剧目，切身体会秦腔表演艺术的深厚积淀，这是当代秦腔面临的重大考验。这不仅需要优秀的戏曲剧本，更需要秦腔界的所有优秀演员在舞台表演艺术领域不懈追求与努力，而在《西京故事》里，陕西省戏曲研究院和李东桥就圆满地实现了这一目标。

半个世纪倏忽过去，李东桥从艺已经五十年，他成就了数部足够让今人品味、后人回味的杰作。但他的艺术道路还在向前延伸，在过去的半个世纪里，他在传统戏演绎和新剧目创作这两条路上都留下了精彩。相信在以后的日子里，这两条路上还会再见到他的身影续创辉煌。这是秦腔之幸，戏曲之幸。

傅谨　中国文艺评论家协会副主席，中国戏曲学院原学术委员会主任。

从《千古一帝》到《蔡伦》

青年表演艺术家李东桥艺术风格扫描

○ 孙豹隐

1981年，咸阳地区青年演员会演渐入佳境。一位英俊的青年，以精彩的表演演活了《杀狗》中的曹庄，仿佛夜空中一颗冉冉升起的新星，顿时激起了戏曲界的注目，不久便被调进了秦腔艺术的大殿堂——陕西省戏曲研究院。

他，便是李东桥。

1984年，在振兴秦腔的紧锣密鼓中，重点剧目《千古一帝》开排，李东桥被选中饰演秦王。应当说，这是他艺术生涯的突破点。1985年，《千古一帝》进京参加全国戏曲观摩演出，一炮打响，轰动京师，荣获十一项大奖。李东桥跃然舞台，扮相潇洒威武，气度不凡；唱腔高亢洪亮，韵味醇厚；做派飘逸稳健，激越豪放。他调动自己的全部艺术蕴力，将一个性格多重、外张内沉的秦王刻画得出神入化，表现得淋漓尽致。一时间赞誉鹊起，好评如潮，他毫无异议地获得了主演一等奖。

随即他又因之摘取了中国戏剧第三届"梅花奖"的桂冠。从而一举成名，成为三秦地方戏曲界荣膺中国戏剧最高表演奖的第一人。

成功后的李东桥，没有裹足不前，而是搏击艺坛，着力追求艺术上的新超越。碗碗腔移植剧《真的，真的》，他出演男主角卢巴克；眉户现代戏《留下真情》，他饰演男主人公金哥；新编秦腔历史剧《蔡伦》，他领衔主演蔡伦。可以想见，剧种不同，人物迥异，艺术上的把握是很难的。可李东桥凭着才华，凭着坚毅，凭着对艺术的痴情，出色地塑造了三个新的艺术形象，实现了在艺术上一次又一次的新飞跃，也形成了自己鲜明的艺术风格。这种艺术风格在《蔡伦》一剧中得到了充分显示。

蔡伦是戏曲舞台上一个全新的艺术形象。他聪慧、执着，性格中张扬着大智大勇，蕴藏着传统美德，流淌着中华民族那种坚持真理、坚忍不拔、自强不息的崇高精神。然而，他那特殊的身份（太监）、所处的恶劣环境，又让他蒙上了过多的无奈与苦涩。应当说，对这个人物性格的塑造是不大容易的，需要全面而浑厚的艺术功力。李东桥艺术风格最显著的特点是，他唱念做打（舞）俱佳，但绝不单纯卖弄技巧，而是善于将出色过人的艺术功力用来为塑造人物性格服务，从而塑造出光彩照人的艺术形象。

审视李东桥的艺术链，他的道白、吐字、运气干练自然，字正腔圆，声情并茂，颇有韵味。他的表演雍容大方、灵动多姿，节奏跌宕、变化有致。尤其是走步有神，动作健美利落，传递出一种美的动感，迸放出独特的艺术魅力。他的唱腔清脆明亮、优美动听、激越奔放、韵味浓郁。高音区峭拔有力，响遏行云；舒缓处舒展清扬，珠落玉盘。他的音域宽阔、音色纯正、气口均匀，加之注重科学发声，讲究喉腔共鸣，使得行腔、归韵极为娴熟到位。在蔡伦形象的塑造上，他准确地找到了人物的感情基调和性格定位。如当蔡伦得知自己原有亲生儿子时，"一言圆我半世梦，顿觉长夜天地明"那段唱，有意减弱人物的阳刚之气，以一种低回苦涩的气韵，借助假嗓拖腔，在突出蔡伦的苍凉文人气质与书卷味内涵的同时，传神地展现出人物的鲜明品格。再如在高潮戏"祭炉"一场，面对紧急关头，蔡伦毅然决策，运用智慧与邪恶势力决战。李东桥在这里不仅浓墨重彩地运用硬派小生表演上那种潇洒英武之气，而且借鉴了须生行当的沉稳宁静的做派，注重在情上出戏，以情带戏、以情带唱、以情传神、以情感人。他以激越嘹亮、响遏行云的高腔唱出了"要让新纸似雪飘，要让文明放光耀，要让那邪恶之火柱自烧"的雷霆之声，动人心魄。舞台震撼，正气高扬，一扫阴霾，一个血肉饱满、细腻活脱的蔡伦，伫立在了观众面前。

东桥——蔡伦，艺术地融在了一起。

孙豹隐　著名文艺评论家，中国戏曲学会常务理事，陕西省文艺评论家协会原主席，陕西省戏曲研究院原院长。

李东桥的艺术人生

○ 甄 亮

如果说"秦腔王子"李东桥有着"天才"灵性,那也是天时地利人和所造。著名戏剧家齐如山在《中国戏剧源自西北》文中认为:"因为各种戏剧的起发点,都来自陕西。"而"起发点"中心就在大唐长安"梨园弟子"活跃的京畿地区。近现代涌现的"麻子红"李云亭、"智巧艺精"的王安民、"只因一曲青梅传,到处逢人说嘈刘"的刘篦俗等秦腔名家均是"京畿地区"的户县(今西安市鄠邑区)人。六零后李东桥也是户县人,他就生长在千百年来戏曲文化浸润的"戏窝子"——人人会哼唱秦腔(眉户)成为乡党们生活中不可或缺的"上瘾"的快活事。小东桥就是在"戏迷"父亲骑自行车带他行进的乡村路上被灌输秦腔耳音的。

"讨生活"华丽转身"艺生活"

如果说李东桥的艺术人生,始于为生存而从艺"讨生活"的话,那么之后他的华丽转身，则可以说是为艺术、为秦腔事业活出了属于自己的精彩人生！李东桥回忆说，小时候，父母亲爱看戏，父亲骑着自行车带他走亲戚，一路哼唱《花亭相会》，他也听不懂，光听到父亲一会儿声音宽、一会儿声音细，后来才知道，父亲是一个人生旦男女都唱。他的童年就是在"戏"中度过的。有一年，户县剧团招生，因为家里孩子多，父亲就让他去学唱戏，为的是"吃上商品粮"，端上"铁饭碗"——这"饭碗盛得是'艺'"。父辈的决定让他的人生从此"艺术"了起来：1974年10月—1984年7月，户县人民剧团演员；1984年7月—1997年9月，陕西省戏曲研究院秦腔团演员；1997年9月—2004年12月，陕西省戏曲研究院秦腔团副团长；2004年12月—2006年6月，陕西省戏曲研究院艺术委员会副主任；2006年7月—2019年9月，陕西省戏曲研究院艺术总监；2019年9月至今，陕西艺术职业学院二级教授、秦腔艺术协同创新中心主任。从戏曲演员、艺术总监，再到艺术职业学院教授，一路走来，多么"艺生活"。

审美实践中的"高光时刻"

作为戏曲演员的李东桥，练功、排演是常态；演出精气神被观众认可、被业内专家学者关注是新常态。常态升华到新常态，必须要德艺双馨之"新"表现，即守正创新之戏曲艺术表演的质的深度与高度支撑。

李东桥进入户县人民剧团十年后，崭露头角被选调到陕西省戏曲研究院。他先后得到任哲中、贠宗翰、郝彩凤等秦腔前辈的精心指导，吸收前辈的表演艺术所长。多年来，他领衔主演了秦腔《千古一帝》（扮演秦王嬴政）、秦腔《蔡伦》（扮演蔡伦）、秦腔《太尉杨震》（扮演杨震）、秦腔《杜甫》（扮演杜甫）、秦腔《西京故事》（扮演罗天福）、秦腔《黄鹤楼》（扮演周瑜）、秦腔《拆书》（扮演伍员）、秦腔《杀庙》（扮演韩琦）、秦腔《挑袍》（扮演关羽）、眉户《留下真情》（扮演金哥）、碗碗腔《真的，真的》（扮演卢巴克）、秦腔《天地粮仓》（扮演张载）、商洛花鼓《紫荆树下》（扮演田忠仁）、弦板腔《大汉司马迁》（扮演司马迁）等近百个本戏和折子戏。可以看出，李东桥还是多才多艺的跨剧种"全科"演员。除了主演秦腔剧目外，他主演的由芬兰话剧改编的碗碗腔《真的，真的》，参加首届中国戏曲"金三角"交流演出并获一等奖，参加中国戏曲"南方片"会演，获文化部优秀表演奖；1994年赴芬兰演出，为以碗碗腔艺术形式反映现实生活、表现外国剧作、促进国内外戏剧艺术交流做出了贡献。1996年主演眉户现代戏《留下真情》，获优秀表演奖。像李东桥这样，在秦腔、眉户、碗碗腔三个剧种表演上都获得佳绩的演员很少见。2022年2月15日，他参加中央广播电台总台录制的2022元宵节戏曲晚会，表演秦腔《四郎探母》，影响更大、传播更广。

　　李东桥主演的一鸣惊人的第一部大戏，就是1985年亮相北京人民剧场的秦腔《千古一帝》，紧接着在全国政协大礼堂和中南海做专场演出，时任国家领导人和首都观众观看了演出并给予好评，认为"剧本好,演员扮相好,唱得好,演得也好!振兴秦腔大有希望"。秦腔《千古一帝》的上演大获成功,取得了一部剧荣获十一个单项奖的佳绩,李东桥荣获第三届中国戏剧奖·梅花表演奖,这是秦腔剧种在梅花奖上零的突破,被誉为"秦腔第一梅",书写了秦腔发展史上的新篇章。

李东桥用心用情演好每一个角色,由他主演的《杜甫》《蔡伦》《太尉杨震》《黄鹤楼》《挑袍》《拆书》等本戏、折子戏,横跨小生、须生、红生三个行当,得到观众、业内专家的肯定和赞赏。他所获得的奖项和荣誉成就了一个又一个"高光时刻"。其中,艺术表演专业奖项有:参加全国戏曲观摩会演,获文化部一等奖;获中国戏剧奖"梅花奖"之后再获第26届梅花奖"二度梅"榜首;获第22届上海白玉兰奖戏剧表演艺术奖"主角奖"榜首;获中国戏剧节优秀表演奖;获中国第十届艺术节"文华表演奖";获中国秦腔艺术节第一、二、四届优秀表演奖;获中国戏曲现代戏突出贡献奖等全国奖。获陕西省第一、二、三届艺术节表演一等奖,"特别贡献奖";获陕西省精神文明建设"五个一工程"优秀作品奖;获首届秦腔"十佳演员"称号等。

李东桥是全国宣传文化系统"四个一批"人才,文化部优秀专家,国务院政府特殊津贴专家,2008年奥运会火炬手,文化和旅游部2018年度中华优秀传统艺术传承发展人;获"陕西省先进工作者""陕西省德艺双馨表演艺术家""陕西省人文社会科学领域顶尖人才""陕西省劳动竞赛标兵"等荣誉称号。

李东桥兼任陕西省第八、九、十、十一届政协委员,民主促进会陕西省委员会委员，中国戏剧家协会理事，陕西省戏剧家协会副主席，陕西省秦腔艺术协会主席，陕西省文联委员，陕西省对外文化交流促进会理事等社会组织、专业团体职务。

2019年，李东桥调入陕西艺术职业学院，在学院为他成立的"李东桥大师工作室"担任负责人，兼任秦腔艺术协同创新中心主任。陕西艺术职业学院是全国唯一一所开展秦腔人才学历教育的高等艺术院校，是教育部全国普通高等院校中华优秀传统文化传承基地。该院戏曲学院教学团队在2021年全国职业院校技能大赛教学能力比赛中荣获一等奖。

李东桥不忘老艺术家教诲，自觉担当起传承戏曲艺术的使命和责任。2014年以来，他收徒十七人，分布陕、甘两省专业院团，均成为所在院团的骨干力量。截至目前，徒弟中有国家一级演员四名，其中，两人获中国戏剧"梅花奖"。

作为国家级非物质文化遗产秦腔项目代表性传承人的李东桥，可比"讨生活"的秦腔前辈们幸运、幸福多了！成为国家一级演员、大学教授，专心致志从事艺术表演、研究和秦腔艺术传承发展工作。他不负盛世年华，努力以戏曲艺术表演及教学研究的方式回报党和人民。

塑造载入史册的艺术形象

李东桥将审美实践与传承发展秦腔艺术文化紧密结合起来，突出表现在，塑造出剧中人秦始皇、杜甫、罗天福等可以载入秦腔发展史册、入列中国戏曲艺术人物形象图谱的典范角色。

演员不能只在乎自己演出"亮相"多少，或仅仅满足"青出于蓝"，止步"胜于蓝"。而"胜于蓝"的标志就是，是否给观众留下刻骨铭心、能够载入史册的艺术形象——不是演员的"自我形象"——这才是演员的"硬实力指标"！

当年，陕西省戏曲研究院派人帮助户县剧团排戏，发现李东桥是可塑之才，就把他调到戏曲研究院，"破格提拔"他，让他在新编历史剧《千古一帝》剧中扮演秦王嬴政。刚排练时，院里不少人说这娃是贾宝玉，不像秦始皇。于是，院领导就安排剧组到秦始皇陵兵马俑博物馆参观学习，邀请著名考古专家袁仲一先生讲解秦帝国历史和秦始皇的生平。通过"补课"与实地体验，帮助李东桥他们"入戏"。当该剧演出百余场后，李东桥渐渐地进入角色"佳境"，他创造性地将小生的潇洒飘逸、须生的沉稳内敛和花脸的粗犷暴烈等气韵集于秦王一身，如"嬴政胸怀九万里，梦寐谋涉四海一"这段唱腔，抒发了秦王嬴政气吞山河的气度和统一六国的雄心壮志。李东桥在演唱"浩气吞山河，挥剑抉八荒。宁可沙场死，不做儿君王"这段戏中，边舞、边念，念白、身段、动作借用秦腔花脸的表演程式，以大幅度动作把恢宏宽阔、慷慨激昂的豪情宣泄得淋漓尽致。

《杜甫》上演后，有记者问李东桥，是不是要向传统唱法靠拢？他以自己在秦腔现代戏《西京故事》的表演实践，回应了这个问题。

他说，在《西京故事》剧中，把秦腔所有板式都用到了，剧中人罗天福有三大段白口，如果完全用白口表达，就成话剧了。他向导演建议，用滚板来表演这段白口，这是秦腔的特色，即边说边唱。李东桥还在罗天福的唱腔中使用了"喝场"，演出效果很好，导演就说，你还有什么好的东西都拿出来。这就是在戏曲守正创新艺术实践中的辩证法。

功夫不负有心人。李东桥以《西京故事》中的表演荣获中国戏剧梅花奖"二度梅"，他塑造的"小人物"罗天福感动了众多观众，该剧共演出六百余场，六次进京参加全国重大活动，到二十二个城市巡回演出，连续参加全国"高雅艺术进校园"活动，有一百二十余所高等院校师生观看了演出。有观众说，看了《西京故事》后，感觉"老秦腔"的味儿又回来了。于是，李东桥开始带着演员学习传统戏。他在排练《拆书》中，借鉴了任哲中、刘毓中、李爱琴等表演艺术家的唱腔特点，唱出戏的思想宗旨，而不是为了唱戏而唱戏。

李东桥认真践行"唱出戏的思想宗旨"。正如《西京故事》开场所唱："我大、我爷、我老爷、我老老爷，就是这一唱，慷慨激昂，还有点苍凉。不管它日子过得顺当还是恓惶，这一股气力从来就没塌过腔。"他演《西京故事》，每次演到跟剧中人女儿、儿子的对手戏时，都是含着泪演完的。可以说，每演一次，就经历一次主人公罗天福的人生。戏曲不能假唱，全靠真功夫。夏天在南方学校巡演，学校剧场很简陋，没有空调，台下的观众拿着扇子扇凉，李东桥却需要为剧情穿着棉袄，在炽热的舞台灯光下如同进了烤炉。他的爱人将一盒清凉油全给他抹在头上，两个多小时演下来，院长陈彦对他说，你演出后，如果观众说，这不是李东桥，你就成功了。李东桥理解这句话的意思，那就是，把自己"砸碎"了重新塑造自己——实现从"千古一帝秦始皇""诗圣杜甫"到普通百姓"罗天福"的华丽转身。

李东桥深有感触地说，过去他演的大都是"高大上"的帝王将相，演《西京故事》让他落了地、接了地气。他还演了司马迁，司马迁很伟大，却是忍辱负重受宫刑"低人一等"的人，他又一次地"砸碎"自己重新塑造自己。为了演绎好人们心中的"诗圣"，他认认真真研读杜甫的诗作，体味杜甫的心理活动轨迹，很长一段时间把全部精力放在对杜甫这一艺术形象的琢磨上，将这位大诗人忧国忧民的情怀、艺术才华与傲骨，以及悲愤无奈的处境，"感天动地"地呈现在舞台上。因为舞台就是个镜框子，演员就是镜框子里的一幅画，这就是艺术。当演员走出幕条的时候，在观众面前就是个艺术品。艺术要讲究，不能将就。演戏职业在过去叫"饭碗"，自己的"饭碗"自己都不当回事，那还能干啥？既然从事戏曲艺术事业，就要把这个事业当成自己的生命一样珍爱、敬重。

李东桥对自己扮演的三个角色的感情非同一般：一是《千古一帝》中的秦王嬴政，一是《杜甫》中的杜甫，一是《西京故事》中的罗天福。这三个角色分别代表了他艺术人生的三个不同阶段，其中有古装戏也有现代戏，从帝王、大诗人再到普通农民工，角色跨度很大，对他来说是挑战，更是一次次自我突破、提升的审美实践之机遇。

著名书法艺术家雷珍民诗赞李东桥："千古一帝名即成，十载勤练艺乃精。晨功历尽般般苦，亮相每发朗朗声。深造竟得梅二度，潜心方显戏外功。莫言小台咫尺地，修持必铸一代星。"

我们欣喜地看到李东桥的"一代星"人生，就是"心雄泰华"的攀登之旅。

甄亮　戏剧评论家，陕西省戏剧家协会原党组书记。

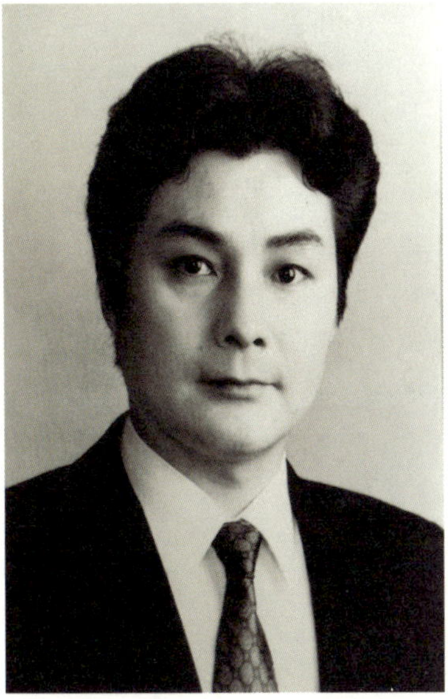

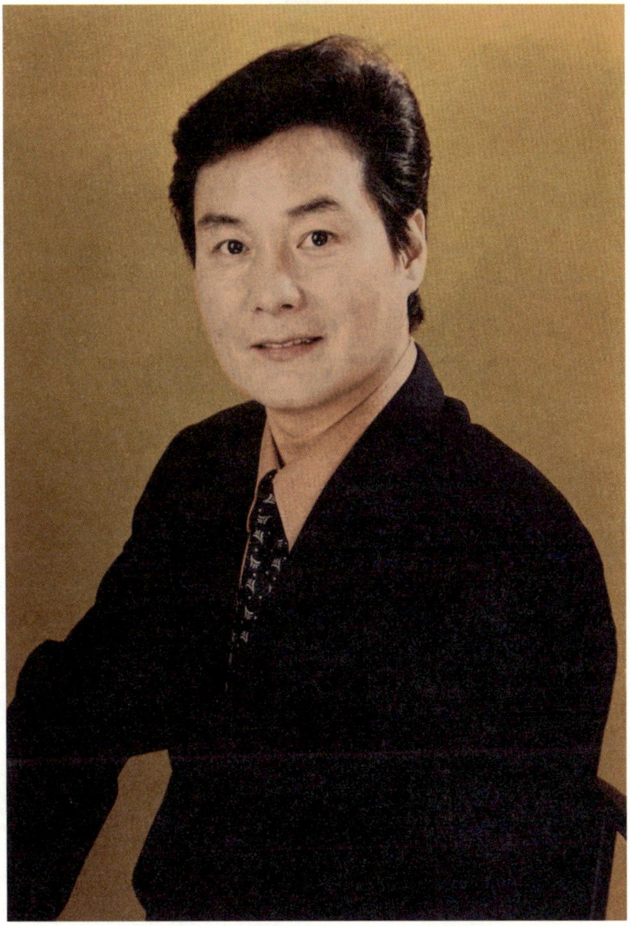

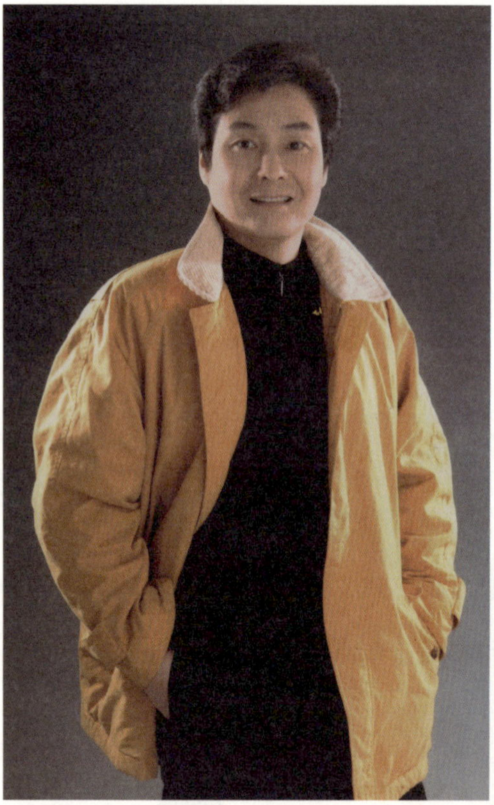

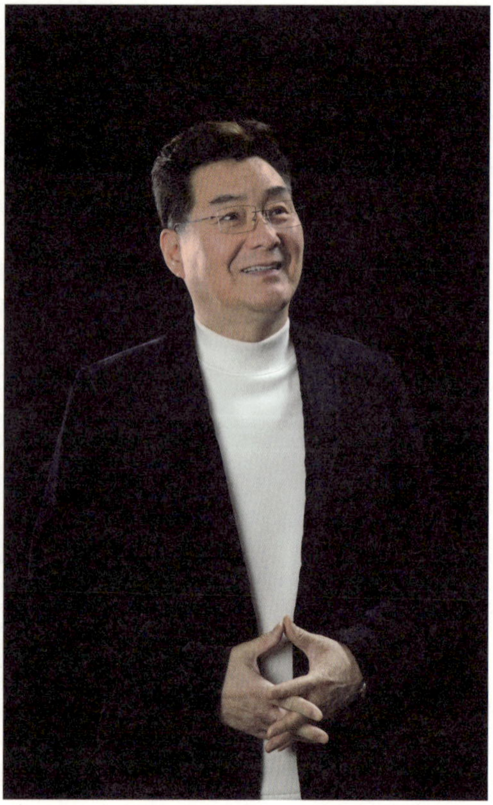

中国男人

○ 李宗奇

在中国戏剧界，就表演艺术这个行当来说，能代表骨子里的中国男人的，李东桥算得上一个。做人和演戏，如同走路与骑马，是一回事，但也不完全是一回事。我和东桥认识早，见面却少，除了他在台上演、我在台下看之外，平素见面一呼了之。但，东桥是个见一面就忘不了的人。他健壮魁梧、帅气十足，声中裹情、气中囊威，眼中释毅、动中有戏，举手投足尽显王者之相。他轻而不语，一经开腔，不是涓涓细润，而是飞流直下，一如海阔，一如河淌，血性男子的阳刚袒露无余，痴爱秦腔艺术的纯善对天可语。

百姓说得好，人的命天注定，胡思乱想不顶用。这话宿命了，但道理有几分。1961年，东桥出生于户县一个庄户人家，父母的命运就是面朝黄土背朝天。这儿景色秀丽，五业添璜，空气中都弥漫着盎然的逸韵。聪明是成长的因子，但绝非成功的必然。孩提时代，"一听胡胡响，嗓子就发痒"，东桥打骨子里与秦腔有缘。他爱上秦腔后，纯粹而不悔，以致痴狂。吊嗓子，压双腿，扎架子，白昼吞辛酸，夜晚淌血汗，连睡梦里都回荡着急管繁弦。他十二岁学戏，十三岁上台，十四岁担纲，在痛苦中成长，在成长中磨炼，在磨炼中成就，在成就中辉煌。1984年，《千古一帝》中"神思弥六合，剑气吞九霄"的秦王形象让他一举威名。二十四岁，中国戏剧最高奖含笑走来，他成为秦腔"梅花"第一人。2005年，《杜甫》中"文章不为轻薄事，笔墨只哭百姓忧。为天下苍生呼与喊，做鬼魂亦留民间"的"活"杜甫让他如虎添翼。接踵而来的是，"大盖帽把天遮严了，东桥把荣誉拿完了"。2011年，《西京故事》中善良、勤朴、血性、担当的农民工形象罗天福让他光芒四射，连演几百场不衰，唱红了陕西，唱响了京华。

看东桥演戏，是一种享受。他把秦腔中大开大合的滚板、二倒板、清板等运用得淋漓尽致，其行腔之妙，妙在收放自如——收如滚胡桃一样的脆，放似情感在爆发中撕裂，勾魂动魄般的响。其动作精妙细微，以具有创新性的程式化演绎展现了秦腔艺术的精气神。这时候的李东桥，全然没有了自己，除了角色还是角色。他把灵魂和盘托出，让灵魂与灵魂对话，让剧情和人物言说。

有本书名叫《细节决定成败》。我在与东桥闲聊中注意到两个细节：一是，他演戏不死记词，而是连同动作用心化解。一出戏就是一部电影，也是由无数个分镜头组成的，人物的情感贯穿于戏词中，人物的情绪彰显于动作中，浑然一体，乃演戏之窍。二是，他与海鲜无缘，肠胃的最爱就是户县软面。他说，粗茶淡饭才是强身健体的行动指南。

《西京故事》赴北京调演,他不吃请,不访友,一门心思在戏中。见妻子在小茶几上做好户县软面,他乐得嘴角都移了位,美美地咥了两碗,再用半碗面汤把缝隙一灌,如同盖楼在水泥里加了几根螺纹钢,那个筋啊那个美。说着,他笑了,笑出了眼泪,笑出了秦腔的胆魄,笑出了另一个艳阳天。

李宗奇 中国散文学会会员,陕西省作家协会理事。

李东桥小记

○ 焦垣生

　　山陕梆子，是我从小就喜欢看的。说到戏曲史，当年徽班进京，在北京唱得大红大紫的正是山陕梆子，所谓"花雅之争"的时期，最后虽说徽班冠居京师，但山陕梆子也衍生出了后来的晋剧、豫剧、山东梆子等。不消说，秦腔、蒲剧作为梆子戏的根和魂，永驻于中国戏剧史甚至世界戏剧史了。新中国成立后，诞生于延安的陕西省戏曲研究院（其前身是1938年在延安成立的陕甘宁边区民众剧团），由于思想性、艺术性等方面的因素，现在成为陕西以至西北地区规模最大、水平最高的艺术院团而扬名于全国乃至世界。从演员方面来说，秦腔整个剧种，第一个获得中国戏剧"梅花奖"的，便是李东桥！李东桥因为形象、嗓音、做功等面面俱到且出类拔萃，所以血气方刚之年就主演了改革开放后秦腔第一巨制《千古一帝》，并一举夺得中国戏剧"梅花奖"。在这部戏里，李东桥展示了他形神唱做俱佳、英气勃勃的一面，穿云裂石的嗓音更如虎啸龙吟，令现场鸦雀无声。他因主演此剧而获得了第一个"梅花奖"。

2005年，李东桥主演了新编秦腔历史剧《杜甫》，他饰演的杜甫个性气质超拔，虽历经磨难但不屈不挠，与其"感时花溅泪，恨别鸟惊心""望尽似犹见，哀多如更闻"等诗中所蕴含的人文关怀高度契合，把一位家喻户晓的"诗圣"塑造得栩栩如生。

2010年，才华横溢的剧作家陈彦，深入生活，创编出了秦腔现代剧《西京故事》。这时已届知天命之年的李东桥在剧中饰演农民工父亲。想一想，让早已在古装历史剧中成功出演了霸气威武的千古一帝秦始皇的李东桥，来饰演这样一位朴实无华，生活在农村辛苦供养不知生活艰辛的大学生儿子的父亲，能演出什么效果？公演于社会后，轰动异常。时任西安交通大学校长郑南宁院士看了这部秦腔现代戏之后，非常感慨，他本是南方人，很少观看秦腔，但是看了李东桥主演的《西京故事》后，对我说："能不能把这个戏里演父亲的演员请到咱们学校里来？把那慷慨激昂、催人泪下的演唱给咱们大学生再演一次？"我去邀请东桥，他欣然应允。那天，大型阶梯教室里被学生挤得水泄不通，李东桥连演带唱加讲座……我在现场一面观看，一面思考文学艺术作品的欣赏价值、认识价值、教育价值，体会到一位优秀的戏曲表演艺术家对社会的贡献和影响。李东桥通过这部作品第二次在全国巡演并荣获了第二个"梅花奖"，成为中国戏曲界为数不多的"二度梅"表演艺术家！

欣逢盛世，各种艺术门类都涌现出许多优秀作品和优秀人才，李东桥是秦腔艺术家群体的楷模，毫不夸张地说，他的作品连同通过作品表现出的精神人格是我们这个时代的骄傲！

焦垣生 | 西安交通大学教授、博士生导师。

秦腔挑梁柱　艺苑领军人

李东桥表演艺术的三个里程碑

○ 张晓斌

往昔秦腔千古事，今朝风流一代人。作为五十年来为秦腔卓立功勋的当代秦腔表演艺术大家，李东桥不仅属于他自己，也不仅属于陕西省戏曲研究院、陕西艺术职业学院，更属于群星璀璨的中国秦腔艺术殿堂！

回首往昔，李东桥自少年时期投身梨园，曾是户县文工团（后改为户县人民剧团）的优秀青年演员，主工文武小生，在一批传统戏中担任过主要角色，奠定了比较扎实的专业基础，受到行内师长和广大观众的好评。他有一身好条件，也不乏刻苦敬业心，只要抓好机遇，必将成就大气象。是陕西振兴秦腔的动员令与集结号，给他带来了艺术命运的大转折与大腾飞。自1984年被正式调入"秦腔学府"陕西省戏曲研究院开始，在戏曲继承、改革、创新、发展的道路上，他锲而不舍地奋进搏击了三十年，相继树立起自己表演艺术风格的三个里程碑。

振兴秦腔春雷动，横空出世驱前锋。

旗挥大纛越雄关，东风一枝梅早红——

第一个里程碑

1985年，在振兴秦腔的起步戏《千古一帝》（第一部）排演中，由李东桥担任一号人物秦王嬴政。这个选择没有任何悬念，他就是因为这个戏而走进剧院大门的。然而他也清楚地意识到，在这个藏龙卧虎之地，舞台是不好上的，不是谁都能上的，何况自己饰演的又是挑大梁的角色。这是全剧的最大焦点、难点和看点，所有成败得失无不维系于此，他感觉到了一种前所未有的沉重压力。因为在中国两千多年的历史中，嬴政从来都是个颇有争议的人物。

据《史记·秦始皇本纪》所载，秦王为人，"少恩而虎狼心，居约，易出人下，得志，亦轻食人"，他"天性刚戾自用"，"乐以刑杀为威，天下畏罪持禄，莫敢尽忠"。受此影响，在后世舞台艺术作品中，嬴政的出场多是反面形象。且不说唐变文、金院本、元杂剧、明传奇、清戏曲等，以《孟姜女哭长城》来控诉秦朝暴政的作品竟多达十几种，仅从秦腔传统戏《荆轲刺秦》《大郑宫》《博浪沙》等剧目来看，秦始皇的凶悍、阴狠、狂躁与残忍，也完全是一副封建专制暴君模样。倒是敢于反潮流的唐代大诗人李白，在其《古风》诗中直言快语、放歌抒怀："秦王扫六合，虎视何雄哉！挥剑决浮云，诸侯尽西来。明断自天启，大略驾群才。……"字里行间，真正体现出嬴政的雄阔气度和魅力神魄，充分展示了这位伟大君王性格上的主流方面。而"千古一帝"四个字，是明代大学者李贽对嬴政的最高评价。编剧以此作为戏名，本身就携带一种苍茫厚重的历史感。秦灭六国完成统一大业，在当时代表了进步的社会潮流，嬴政就是站在这个潮流浪头呼啸前进的伟大人物。

李东桥在听取专家解读历史，认真学习古典诗词，深入研究分析剧本之后，对于如何把握嬴政的性格特点和艺术形象，其思想轮廓逐渐明晰起来，对于破解难题增强了信心。其实，在旁观者看来，李东桥演秦王具有自身优势。从人物说，嬴政十三岁即位，九年之后加冕亲政，年仅二十二岁，这与李东桥当时的年龄相近；从演技说，他文唱武功兼备，身材形象健美，艺术悟性极好，能够挑起大梁；从剧情说，跌宕起伏的历史风云为演员提供了纵横捭阖的用武之地。嬴政为了富国强兵、统一华夏，面临错综复杂的政局，自身处境险象环生。既有与身边叛臣集团的内部权力斗争，也有同六国割据势力的外部生死血战；既有谋变法、求统一与反变法、反统一的明枪暗箭，也有与母后、兄弟、爱姬钩心斗角的对决抗衡等。于是，在嬴政的身上，兼具英明决断的卓越胆识与私情胁迫的迷惘困惑、任用贤才的治国气魄与错杀忠良的悔恨痛苦，其性格有不同于常人的两重性——雄起起、气昂昂有之，火辣辣、血淋淋亦有之。刀光剑影中的斑斑亮色，沉雷霹雳中的声声呻吟，都显得棱角分明，对比强烈而独具个性特点。

李东桥根据编剧、导演的总体设计，竭尽全力发挥个人的艺术才智，除了在外形上精心美化角色英气勃发的造型外，尤其注重对人物的情感世界赋予新的诠释，既没有简单地把秦王演成暴君，也没有刻意地给人物加上神化的光环，更不是图解政治理念的僵化替身，而是运用唱、念、做、舞等综合艺术手段，全方位、立体化、多角度、多层面地再现一个具有血肉之躯和复杂感情属性的活人。他放得开、稳得住、沉得下，抓住情绪上的大起大落大波澜，表演上的大开大阖大调度，声腔上的大放大收大跌宕，真实地表现了人物的心理冲突和变化，既有叱咤风云的威武阳刚之气，也有铁腕治世的暴烈雄霸之风。这种气质是秦王能够担当历史大任的内在动因，也是演绎如此气吞山河的雄壮活剧的艺术蕴含。总之，李东桥的出色演技令人信服——他就是秦腔的秦始皇！

《千古一帝》的成功具有开创性的历史意义，不仅在陕西和西北擂响了振兴秦腔的进军鼓，晋京参加全国调演以十一个奖项高奏凯旋曲，李东桥个人荣获了中国戏剧"梅花奖"，东渡日本访问演出掀起了友好交流冲击波，而且对当今秦腔艺术界也产生了相当持久的影响力。别的不讲，后来省、市表演团体创排的新编历史剧如《大将王翦》《大秦将军》《梦回长安》《咸阳桥》等，其中有关秦始皇的人物造型，大多是从《千古一帝》参照借鉴而来，由此也可窥豹于一斑吧。

积健为雄赖苦功，镕古铸今塑群英。

关西夫子蔡侯纸，诗圣悲歌万古风——

第二个里程碑

从 1996 年到 2005 年的十年之间，李东桥又相继排演了秦腔《蔡伦》《太尉杨震》《杜甫》三部新编历史剧。三部大戏，三个不同的时代背景，三位不同身份、不同性格、不同命运的著名历史人物，从艺术创作的过程看，是阶段性与连续性有机结合的统一体，"三驾马车一合套，驾辕都是李东桥"。三部戏相互吸收、相互砥砺、相得益彰，在不断地打磨锤炼中都取得了成功，最后以《杜甫》的异峰突起而聚合凝铸为又一座里程碑。

1996 年推出的《蔡伦》一剧，创作之初衷，在于展示这位古代科学家对人类文化的卓越贡献，讴歌他研制"新纸"敢为人先的开拓勇气，历尽艰险而不屈不挠的"中国脊梁"精神。题材的突破把视野投向中华历史上以往较少注目的科技领域，在戏曲舞台上形象而艺术地揭示科学技术是第一生产力的真理，为历史剧的创作开辟了一条新路。客观地说，这部戏很不好演，但李东桥敢于迎难而上。他从研读剧本、熟悉历史、解剖人物、寻找戏魂入手，紧紧抓住蔡伦担大任、苦心志、劳筋骨、饿体肤，乃至惨遭酷刑、蒙受屈辱，依然负重前行，为完成造纸大业，历尽艰辛，愈挫愈强；危急关头，赴汤蹈火，直到痛别爱妻、舍弃亲子的顽强精神，堪为民族精英之楷模。李东桥以外柔内刚、气不浅露，血脉沉雄、骨力坚劲的表演风格，再现主人公那特有的生命创造与超凡人格的内涵，彰显了生生不息的民族精神的灿烂光华。通过典型化的艺术形象告诉人们，蔡伦属于中国，也属于世界，蔡伦精神乃照亮历史文明之火、穿越世纪科技之光，对于改革开放、科技兴国的宏伟事业，具有历史与现实、文化与艺术的多重意义。该剧参加"全国梆子戏剧种新剧目交流演出"荣获一等奖（第一名），被列入全省"五个一工程"重点剧目。后于1997年4月赴京汇报演出，又以丰富的思想内涵、对人性人情的深刻展示和剧种风格的独特魅力，受到首都戏剧界和广大观众的高度好评。

2000年排演的《太尉杨震》，在秦腔舞台上旗帜鲜明地树立起东汉大儒、"关西夫子"杨震的光辉形象。作为位列三公的朝廷重臣，其从政治国之业绩史有定评。而他的闻名天下，却与一件看似小事而攸关大节的经历有关。他的学生王密为感老师提携之恩，深夜登门送去重金而被杨震严词拒绝，并以"天知、地知、你知、我知"的警策之语相诫，从此被人们尊称为"四知先生"。这个故事本身就很有戏剧性，但要作为一部大戏的剧情，分量显然不够。《太尉杨震》仅把它作为一条支线侧面呈现杨震的人格风范，而将杨震与汉安帝乳母王圣及其党羽王谈、贾夫一伙的斗争作为主线，着力描写杨震深知"苛政猛于虎"而"贪官横行乃祸之源"的忧患意识，并不惜以身家性命为代价，与这帮巨贪奸佞进行毫不妥协的坚决斗争，最终将他们绳之以法，为民除害。剧本以"官吏清廉气正，关乎国计民生与社稷安危，卓有成效地惩治贪官污吏，才会得到人民的支持和信任"为主题，总体上是正剧风格，与反腐倡廉的命题是适宜的。由于题材的原因，这种戏容易出现刚多于柔、理重于情，政论性强而趣味性弱的情况。作为主人公的饰演者，李东桥的艺术功力如何，对全剧至关重要。他在塑造杨震的舞台形象时，紧紧地抓住几个环节下功夫：看造型——汉制服饰，宽袍大袖，粘贴苍髯，扮相清肃，突出了儒气；论做派，介乎须生和老生之间，沉稳端严、动作洗练，举手投足没有多余的东西，显现出大气；听唱念，讲究顿挫，注重喷口，起承转合善于掌控，字气音声重在传情，激扬了正气。从总体表演风格看，有点儿京剧大师马连良先生的味道。总之，几个方面的有机结合，亮相在观众面前的杨震，便是一个宏约深美、风神超迈、魅力雄强、气象浑穆的艺术形象。因而参加首届中国秦腔节演出时，李东桥当之无愧地荣获了主演一等奖，该剧也成为戏曲舞台上反腐倡廉、警钟长鸣的典型教材。

2005年李东桥的经典力作，便是讴歌大唐"诗圣"的《杜甫》。杜甫是人们所熟悉和敬重的悲剧性传奇人物，他的戏应该写，但也很难写。因为他所处的时代与自己所感知到的东西，诸如致仕与诗道、理想与现实、朝廷与社会、社会与个人、个人与家庭等，很难在一部戏中全面囊括。编剧深思熟虑，把诗人的命运与大唐由盛及衰特别是"安史之乱"的大背景紧密相连，截取杜甫积极入世而又屡遭惨败的几个生活片段，深刻剖析了诗人悲剧命运的成因，并把一些脍炙人口的诗篇孕育诞生的过程，有内在联系地结合串联其中，从而戏剧化地展现出诗人艰难的生活轨迹和痛苦的心灵裂变过程，加之又以最能表现慷慨悲壮、热耳酸心的秦腔来排演，就愈加爆发出振聋发聩的悲剧力量。该剧由李东桥担纲领衔主演，人选对了也选准了。因为他是一位极具表现力的演技派。何况，为了演好杜甫，李东桥不仅深入研读了杜甫传记和诗篇，还南下四川到成都参观杜甫草堂，通过反复体会诗人的悲怆命运与心路历程，紧紧抓住"沉郁苍凉、艰难顿挫"为切入点和感情线，全身心地进入了咀嚼苦难、深入灵魂的创作状态，即真戏真做真投入、真听真看真感情。如果说杜甫的诗是孤独之诗、忧患之诗、彻悟之诗、警世之诗，那么李东桥的戏，就是戏中有生活、戏中有人物、戏中有苦难、戏中有时代。他把"苦吟诗人"的凄楚心境，与秦腔衰派老生的表演韵致熔于一炉，并吸收了周信芳先生"麒派"艺术的某些做派特点，以拔山扛鼎的决心与毅力，实现了艺术质量的超越与升华，为观众奉献了一个血肉丰满的"秦腔杜甫"。有鉴于此，该剧参加"西北五省（区）秦腔节"和"第四届陕西省艺术节"演出同获优秀剧目奖（第一名），李东桥荣获最高荣誉奖；2006年作为西北地区唯一应邀的剧目参加"第四届北京国际戏剧演出季"，并赴济南参加全国地方戏优秀剧目（北方片）展演；2007年获中宣部第十届精神文明建设"五个一工程"奖；2009年又参加陕西省文化厅主办的"陕西秦腔文化周"赴京演出，让古老剧种重返京华舞台，用秦声唤起人们对世纪沧桑的记忆。应当说，《杜甫》是李东桥突破窠臼、跨越行当、拓展戏路、浴火重光的艺术杰作。

艺贵魂魄神韵生，戏重血脉骨力雄。

情系草根真本性，西京路通最高峰——

第三个里程碑

无须多讲，这第三个里程碑当数《西京故事》！这部戏虽然问世于2011年，却是著名剧作家陈彦先生蕴蓄已久的心灵碰撞之作。身为"西北秦腔最高学府"当时的"掌门人"，他早已思考酝酿起关乎戏曲创作的严肃话题："一个十三亿人口的泱泱大国，如果历史传统题材只关心帝王将相、才子佳人，现实题材只关心劳模精英、成功人士，就会严重脱离人民大众。戏曲这种草根艺术，从骨子里就应该流淌弱势生命呐喊的血液。如果戏曲在发展中忘记了为弱势群体发言，那就是丢弃了它的创造本质和生命本质。"这也正是《西京故事》的创作初衷。

由李东桥领衔主演的罗天福，一个山乡教师、卸任老村长，因一双儿女先后考上重点大学，于是领着妻子一道进城，用打千层饼的手艺，支撑儿女的求学"大业"，以圆全家人的"西京之梦"。在都市艰难的生存环境中，他们起早贪黑辛勤劳作，承受着太多的痛苦、酸涩、困顿与无奈，也坚守着朴素的理想、希望、品德与人格。这是实在的生活平凡的人，彰显着自强的血脉自立的魂。李东桥以返璞归真、诚厚拙朴的表演风格，用执着的真情体验与非凡的艺术悟性，将心灵的震撼喷薄出生命的力量。他取得的成功实至名归，"二度梅""文华奖""白玉兰奖"……能拿的国家级奖项全拿了，把大半个中国演遍了。有影响的评论家都已经给予了高度评价，我的笨拙文笔实在写不出更有建树的文字了。如果要从艺术成就方面讲，窃以为李东桥有两个大突破、大飞跃。

其一，在现代戏的戏曲化表演方面，追求有程式但不程式化，借鉴老程式创造新形式。李东桥根据人物的年龄与身份，在形体表演上以架子花脸的功架性为基本程式骨干，糅进须生和衰派老生的身段动作特点，显得浑厚凝重、刚正沉稳，近似于秦腔耆宿阎更平先生现代戏的表演风格。同时，按照戏曲"以歌舞演故事"的特性，结合农民工的生活状态与典型道具的运用，展示秦腔现代戏表演的新亮点，最突出的是"挑担舞"，不仅技巧性强，而且寓意深长。罗天福在雨夜中挑担艰难穿行，那换肩的动作，闪动的节奏，踉跄的步法（蹉步、掏步、倒步、跨腿、蹁腿等），还有躲避汽车时的左右摆动，以及最后的跌倒"滑叉"等，分明又是对秦腔名家苏育民先生《打柴劝弟》中"担子功"的借鉴与创新。总之，他创造性地运用舞蹈化的肢体语言，丰富了人物的舞台表演形象，从根本上改变了自然主义的表演方法，是对传统表演程式的吸收、提炼、化合、升华的艺术结晶。

其二，在音乐唱腔方面，回归秦腔的本体元韵，打造既富有剧种特色又能彰显人物性格的新声腔。罗天福生活在社会最底层，以自己伤损的脊梁承担着父亲、丈夫、公民的三重责任，他的惶惑、愤懑与压抑，源自对家庭的重负、对儿子的隐忧、对社会的良知。这样一个深沉厚重的人物，用慷慨悲壮、繁音激楚的秦腔演唱，必然多以哀丝豪竹、热耳酸心的苦音板式处理。如剧中有关罗天福的三场重头戏的三段核心唱腔，即第二场的"父女亲情"、第四场的"炸雷击顶"、第五场的"满腹苦衷"等，不仅在结构上设计为大段成套唱腔，而且有的还用了传统的"滚白"念唱板式，非但没有丝毫的陈旧感，反倒强化了声腔的冲击力。给人印象尤为深刻的是，李东桥在演唱艺术上的探索努力，是在以本剧种的真曲实米酿浓酒，再现秦腔的原汁原味原生态。他吸收了秦腔名家任哲中先生的"任派"声腔特点，牢牢把握吐字、喷口、润腔、节奏、力度等环节，在罗天福的声腔体现上，追求奔放中见苍劲、沉雄中见浓郁、哀婉中见悲壮的风格，尤其是借鉴任先生鼻音行腔与回旋甩腔技巧，予以恰到好处地继承、运用和发挥，为塑造人物而展现了他的新声腔特点：一是情动于中、声发于心，抑中有放、内涵深沉，传情贵于真切，寄意重于韵致；二是悲中含泣、泣中带咽，不事雕琢、淡于修饰，重在凸显骨质，贵在偾张血脉。听他的演唱，人会感觉到，这就是自强人生的正气歌，百姓情结的秦腔魂。而这种唱法和韵味，老年戏迷和年轻观众都喜欢，陕西人和外地人都接受，似乎不这样唱就不是罗天福。何以如此？概而言之：回归秦腔本体，传统就是时尚！

感言心语

"江山代有才人出,各领风骚数百年。"振兴秦腔的时代造就了李东桥,李东桥引领了时代发展的新秦腔。实践一再证明,李东桥是戏曲艺术事业不可多得的全才:秦腔、眉户、碗碗腔三个剧种均驾轻就熟;历史戏、传统戏、现代戏全面担当"三并举";起根于文武小生,兼及须生和老生,各个行当身手不凡;擅演古人,也演今人,甚至外国人,各路角色颇具风采。他所追求和坚持的立足传统又激活传统进而化合传统、纵向继承而又横向借鉴、勇于突破而又善于创新、富于激情而又精于传神的艺术风格,彰显出一代秦腔大家之风范。与陕西、西北乃至全国各剧种的杰出代表人才相比,完全称得上承前启后、继往开来的领军人物,在振兴秦腔的伟大事业中具有旗帜性的作用。

令人颇为感慨的是,李东桥在大红大紫、功成名就的境况下,没有被鲜花遮住眼睛,更没有在光环下迷失方向。他深知,到达成功没有偶然,赢得希望没有侥幸,再造辉煌没有止境,要真正成为独具个性的文化自我,必须注重内修下苦功。他更清醒地意识到,艺术的巅峰对决最终是文化实力的搏击,因而他更加注重丰富知识提高学养。同时他也警示自己,艺术成就达到一定阶段,人品是最后的较量。要成为德艺双馨的艺术家,务必耐得住寂寞,更要甘于寂寞。只有在无声中积淀、历练与升华,才能成就艺术真本领、人生大境界。

古人早说过:二十弱冠、三十而立、四十而不惑、五十而知天命。

于李东桥而言：二十崛起、三十成熟、四十而精进、五十而悟道。这个"道"就是艺术真谛与使命担当。舞台挑大梁要的是角儿，戏曲表演靠的是角儿——有角儿就有观众，有角儿就有市场；是角儿可成家，有家可立派。一个剧种如果没有流派，说明这个剧种不够健全。人常说，陕西是戏剧大省，可惜流派问题长期徘徊，众说纷纭，似有似无，一直停留在"家而未派，派而未流"的状况，远远落后于全国其他兄弟剧种。平心而论，不是秦腔无流派，而是我们思想观念的束缚。我赞同有关专家的恳切建言，李东桥有望也能够承宗立派。什么派？从他的全部艺术经历和不凡成就所发挥的引领作用以及社会影响来看，正可谓"早有春风过东桥，青山着意化为桥。更望大道架长桥，秦腔跨越世纪桥"。那就称之为秦腔"桥派"吧！

张晓斌　戏剧评论家，国家一级编剧，陕西省戏曲研究院眉碗团原团长。

李东桥对于当代秦腔的价值与意义

○ 杨云峰

"江山代有才人出，各领风骚数百年。"这句话用在形容名家辈出的秦腔艺术表演界，同样不为过。举凡秦腔表演有文字记录的年代，我们尽可以数出秦腔生角行的前辈"名公才人"刘毓中、刘易平、阎更平、乔新贤等，然而他们也只是某一行当的翘楚，或唱腔、或做功，但无一例外的是，没有任何一位能像李东桥这样，在唱腔、功架、人物造型上，演遍秦腔生行所有行当——小生、道袍、靠把武生、红生、须生、黑三、满髯。在这个意义上说，李东桥是当代秦腔的一代宗师，当之无愧。

我说李东桥为一代秦腔宗师，理由有三：

第一，李东桥演遍了陕西省戏曲研究院这个当代秦腔"最高学府"近五十年来的所有重点剧目中的男一号角色：在1985年的新时期新编历史剧开山之作《千古一帝》（第一部）和1987年《千古一帝》（第二部）中饰演秦始皇嬴政，在1994年根据芬兰剧作家英格丽的话剧改编的华剧（即碗碗腔）《真的，真的》中饰演卢巴克，在1995年的眉户现代戏《留下真情》中饰演金哥，在1996年的《蔡伦》中饰演蔡伦，在2000年的《太尉杨震》中饰演杨震，在2005年的《杜甫》中饰演杜甫，在2010年的《西京故事》中饰演罗天福……这些都是陕西省戏曲研究院演艺史上绝无仅有的历史事实。为此，李东桥所获得的一切荣誉和地位都是该院历史上的唯一，也是实至名归。估计这个实至名归在可以预见的数年内，没人能打破。

当然，李东桥幸运地遇上了改革开放的好时代，也遇上了打破创作禁忌、思想解放的好契机。加之他自身得天独厚的优越条件——俊俏的扮相，修长的身材，刚劲有力的功架，奇好的嗓音，无二地适用于扮演在中国历史上素有"雄猜之主"称谓的秦王嬴政。而扎实的须生功底和唱念做打俱佳的戏曲基本功尤其手眼身法步无一不是秦腔须生行的绝佳条件，使他成为至今为止秦腔生行难以企及的模板。如果说他由户县人民剧团调入陕西省戏曲研究院是一个机缘巧合，饰演嬴政则是一个历史机遇的话，那么在此后的演出中，无论是扮演历史人物还是驾驭现实题材，则正是他在《千古一帝》中丢掉传统秦腔的须生程式，转而将程式表现和内在个性化体验进行扎实深入的内外结合而获得的人物当代表现。李东桥的幸运，还在于他锲而不舍地钻研和体验功夫。可以说，在《千古一帝》之后的将近十年中，李东桥对秦腔表演艺术的探索，一刻也没有松懈。在这期间，他积极认真地学习了任哲中、贠宗翰的表演和唱腔，在前辈的身上查找自己的不足，并善于在现代戏的表演中，自觉地运用传统戏曲表演中的身段和功架，自觉地把人物的个性化表现化于人物的行当类别中，从而无论是扮演《留下真情》中的金哥、《真的，真的》中的卢巴克，还是扮演《杨贵妃》中的李隆基，无论是《蔡伦》中的蔡伦，还是《杜甫》中的杜甫，抑或是《西京故事》中的罗天福，同样是小生，同样是须生，同样是老生，在李东桥演来，绝不重样，而且是独一无二的存在。

第二，李东桥是近五十年来在秦腔界第一个成功转化行当表演程式与人物内在体验的第一人。这话说起来有点大。但是细想，在那个把程式和类型化想方设法打倒的年代，换言之，似乎只有"再现"和"体验"才是戏曲艺术表现生活的唯一技巧，似乎只有以人物生活化的表现才能算作戏曲艺术的审美形式，似乎只有按原生的生活形态在舞台上表演的才能算作艺术的创作环境下，陕西省戏曲研究院早在20世纪80年代初就敢于打破这个藩篱，尝试做一次程式化、行当化的戏曲创作，以纯戏曲化的人物造型和表现，展示"秦王扫六合，虎势何雄哉！挥剑决浮云，诸侯尽西来。明断自天启，大略驾群才"的《千古一帝》，表现嬴政那仗剑千里、统一中国的云谲波诡。面对外有六国虎视眈眈、伺机而动，内有朝堂之上王公贵族对皇权觊觎已久、提拔任用新生力量的激烈较量，年轻的嬴政拥有杀伐决断的魄力，雷厉风行地处理嫪毐与太后的后宫乱政，不惜得罪诸王公，提拔重用黑剑，引发朝堂汹汹。然而，面对对手的咄咄逼人，他也一时手足无措、方寸大乱。这一切激烈的内心冲突、情绪不安和焦躁压抑的外部表现，是很难用传统的小生、须生、花脸的程式性表演解决的问题，必须动用演员传统表演的全部艺术功力，再加上内在的深度体验功夫。如果按照传统的程式去表现人物的话，只能落个画虎类犬而形成人物"类"的扁平化；而如果按照"再现式"地表现，也只能落个"话剧加唱"的人物模板，同样摆脱不了"类"的套路。但如果按照程式的行当性再加上人物内在情感体验，即以小生的表演程式加上内在的人物个性化表现的话，则就是一个独一无二的嬴政。事实上，在导演寇治德等的耐心启发和手把手地教授下，李东桥很好地完成了从内心体验到程式化表现的人物心理流程，可以说是塑造了一个完美的雄猜之主的君王形象。《千古一帝》的最大关目处是如何表现嬴政面对一系列凶险境地和变数时从内心到外在的各种微妙反应。在关乎秦国命运的生死决战面前，李东桥把小生程式和新的内心体验功夫做到了家，他的行为动作中的抛斗篷、甩斗篷成为嬴政外在表现的秦腔舞台"这一个"，这也成为之后任何表现嬴政性格的标志性形式。舍此无二。

在《千古一帝》第一部中，嬴政除成蟜、囚母后、杀嫪毐，李东桥化用传统小生程式，通过体验人物内心情感，将搓步、搓手、步履的踉跄等程式化的行为，与面部表情中的决绝、刚毅，以及眼神中的怒其不忠不孝不节等凶神恶煞的狠辣相结合，以手眼身法步和唱念做打的综合形式表现出作为君主的决绝果敢形象。《千古一帝》第二部的杀赵姬情节，说的是，为了秦国的一统天下，揪出内奸楚姬，在明知赵姬无辜的情形下不得不冤杀赵姬给楚姬看。在这里，为了显现出嬴政激烈的内心斗争，李东桥手握长剑的一系列挥剑、剑舞、挽剑花，是在传统的秦腔表演中绝对找不出范本的表演程式，必须通过演员的内在体验与程式化的外在表现的相辅相成来展示人物复杂矛盾的心态。应该说，李东桥凭借《千古一帝》中的嬴政一角，完整圆满地扮演了秦腔生行的"这一个"形象，杂糅了小生、须生、架子花脸、大花脸的做功程式，既是对人物传统行当表演程式的发扬蹈厉，也是对当代秦腔古装剧塑造人物形象的体验式成功示范，奏响了新时期以来新编古装剧塑造人物形象的壮美乐章。在对此后的历史人物如蔡伦、杨震、杜甫的塑造中，李东桥都遵循着这个原则，这也是他为秦腔生行摘得首个"梅花"奖的诀窍所在。

第三，塑造时代人物从戏曲人物的类型化向典型化的完美转变，是李东桥对当代秦腔表演艺术的贡献。

可以说，对于当代戏曲编导与表演人员而言，人物的造型是在创作之初就必须面对的问题。当代戏曲人物造型的基础，是人物的行当类别，而行当类别的元素，则是人物的类型化表现形式。并以此为蓝本，形成人物的唱念做打和手眼身法步的情感表现形式。可以说，没有人物的造型类别，就没有戏曲人物的行当划分，而没有人物的行当划分，就不可能形成人物的类型化形象。在这个意义上说，李东桥在他所塑造的戏曲人物形象中，以行当程式化表现与人物体验式的情绪及情态展示，近乎完美地实现了人物的文化品位。秦腔《拆书》是本戏《出棠邑》中重在表现伍员出逃的重点折子戏。当伍员与其兄伍尚得知楚平王命伍奢下书召他们进京的真实意图乃斩草除根的恶毒计策时，在传统的演出中，无不以伍员的刚强勇猛与其兄长伍尚的逆来顺受两相比较，从而突出两人在面对明知此行必然大祸临头时所表现出的截然相反的态度。李东桥饰演的伍员，性子暴烈如火，通过三勾子、连着椅子三跳、甩蟒袍、扯铠甲、抖靠旗等行为表现出作为武将的慷慨激昂，面部表情的激烈抽搐、神态的亢奋与果敢坚毅，以及甩靠旗、撕蟒袍、扭动大靠等，更是极尽描摹出人物在灾祸面前的不平之气，鲜明地显露出李东桥对人物情感的深刻理解。他腿勾椅子从中场走到前场，一系列身段摆扭的功架处理一气呵成、矫健利落，唯其如此，才能展示出人物"逃"出楚国，誓杀无道昏君的精髓要义。这时的李东桥所饰演的不再是温文尔雅的小生或羽扇纶巾的须生，也无有杀楚姬时的狂暴和杀嫪毐时的几乎丧失理智，而是一个经过深思熟虑决定要投奔吴国、以报杀父杀兄之仇的孝悌烈子。到了《黄鹤楼》中，李东桥高亢洪亮的声腔与几乎完美的功架，以及一副双翘的翎子、一袭白蟒袍的飘逸带风，把个器宇轩昂、风流倜傥、自命不凡、傲视群雄的东吴大都督跃然于舞台之上。而《西京故事》里的中年罗天福，似乎难以用须生、老生的设定一概而论，但有时结合了须生、老生身段和唱腔的挑担舞、沉稳艰难的步履，又不是任何一个行当的程式性做派所能形容涵盖的。在李东桥的艺术实践中，行当、程式、类型化，似乎都是，典型化、个性化，又似乎都不是。所以，可以说，李东桥的价值，就在于他把行当与程式、类型化与典型化化为各类戏曲表现形式的杂糅和化合，从而在秦腔舞台上，成就了一个又一个无与伦比的"李东桥式"戏曲人物，为当代戏曲舞台人物造型，树立了一个又一个难以企及的艺术坐标。

因而，可以说，李东桥是摒弃了戏曲人物的类型化和戏曲的典型化，从而开创了戏曲人物化造型的一代宗师。

杨云峰　陕西省戏曲研究院艺术研究中心研究员。

专家论人

051

难以逾越的标杆

写在李东桥从事秦腔艺术五十年之际

○ 陈答才

就前些年我的认识，李东桥绝对是西北五省区秦腔界生角行当当之无愧的领军人物。然而，所谓领军人物，是指在某一领域、某一行业有一定权威，享有一定声誉和社会影响力的人。按这个标准，在秦腔界，在生角行当，有一定声誉和社会影响力的人还不少，并非东桥一人，所以，这个称号显然不足以给他的艺术成就定位。经过几年的再琢磨、再思考，我的新认识是：李东桥是秦腔界生角行当的一个标杆，而且是难以逾越的标杆。何谓标杆，大家都看过体育赛事的撑竿跳高，横杆升到一定高度，无人超越，就破了纪录。

之所以这样定位，理由在于：

第一，他塑造的原创性人物形象最多。

原创性的释义，是指最高的创造性。对艺术家而言，指所达到的创造境界，具体来说，是此前不曾有的艺术人物经某一艺术家的塑造第一次搬上舞台或银幕或荧屏。原创性之所以难就在于没有现成的艺术形象参照，全凭自己的艺术理念和感悟去形塑，其难度要比模仿、饰演既有艺术形象大千百倍。但李东桥在从艺以来的五十年间，原创性塑造的人物形象最多，且均产生轰动效应。我单在剧场就观赏过他领衔主演的秦腔《千古一帝》（第一部、第二部）、《杜甫》、《太尉杨震》、《西京故事》（仅这一本戏就在剧场观赏过四次）。还在中央电视台戏曲频道观赏过他领衔主演的秦腔《蔡伦》两次、眉户剧《留下真情》等。这些人物大多是叱咤风云、青史留名的历史人物，当然，也有现当代社会转型中的平民百姓。无论哪类角色，东桥都把人物塑造得伟岸、丰满、高大、精准，给观众留下了难以忘却的印象，使观众通过小小舞台达到了穿越、洞察、回味历史的巨大作用，真是小舞台展现大历史、反映大社会。

《千古一帝》展现的是公元前238年，秦王嬴政加冕亲政后，为富国强兵、统一华夏，纳讽谏，容谩辱，舍弃宠妃，起用仇臣，进行改制变法的伟大创举，却激起了以生母庄襄后为首的贵族奴隶主集团和六国割据势力的强烈对抗。最终秦王嬴政明察并粉碎了各种反对势力的阴谋诡计，亲率大军，东出函关，拉开了十年一统的征战序幕。为了激励军心，秦王又发出了"骊山下塑尊容与世长存"的宏大夙愿。于是，便有了今天秦始皇兵马俑的世界奇迹。在该剧中，东桥硬是把一个既富雄才大略但又专制残暴的始皇帝塑造得栩栩如生。至此，秦腔舞台有了千古一帝，有了嬴政这个集帅气、英气、霸气于一身的历史形象和艺术化身。东桥是把嬴政搬上戏曲舞台的第一人，也是饰演第一帝的第一人。

蔡伦是中国古代四大发明中造纸术的改进者，是"人类有史以来最佳发明家"之一。新编秦腔历史剧《蔡伦》，讲述蔡伦为改进造纸术不畏艰难，历经坎坷，敢斗权贵和巫师的伟岸形象。东桥又是把蔡伦这个历史真实人物搬上舞台的第一人，通过扎实的"四功五法"，把蔡伦的儒气、俊气、雅气形塑得令人敬仰，令人感奋。从此，认识世界文明史，不再局限于教科书，东桥给我们塑造了一尊蔡伦的立体艺术丰碑。

杨震是东汉中叶一代大儒，著名廉吏。安帝时期，天下大旱，饿殍遍野，民不聊生，皇帝乳母王圣贪婪暴横，结党营私，扩建府第，克扣赈银，草菅人命，残害百姓。杨震身为太尉，一身正气，不畏权势，置个人安危于不顾，整饬吏治，终将王圣及其党羽依法惩处，深得百姓的拥戴。仍是东桥第一次原创性地把杨震这位一代名臣搬上秦腔舞台，给观众留下了豪气、威气、正气的杨震形象，为新时代的反腐倡廉树立了一个历史标杆。

杜甫是家喻户晓、妇孺皆知的唐代著名诗人，新编秦腔历史剧《杜甫》立足于舞台艺术，以史为经，以诗为纬，再现了主人公从上京赶考，到长安十年求官，再到遭受颠沛流离之苦，蛰居草堂穷困潦倒，最终将乌纱抛入滔滔湘江，走上了为天下苍生歌与呼的道路。仍是东桥原创性艺术再现的又一历史名人。把"诗圣"一生充满贵气、悲气、大气的人生历程以及家国情怀展现得淋漓尽致。

秦腔现代戏《西京故事》讲述的是在改革开放大背景下，一群生活在西京城里的普通人的故事。罗天福是著名剧作家陈彦艺术虚构的一个人物，他的身上浓缩了千千万万底层打工者的经历。亦是东桥把这个善良、勤朴、血性、担当的农民工那种面对艰辛生活不屈不挠的意志演绎得令观众感动、激奋、流泪，从而让人物充满人气、情气、地气。

这里，只是罗列了东桥五十年间塑造的几个主要原创性人物，他还有一些诸如开创革命根据地、抗洪救灾、脱贫致富的现代戏人物塑造，恕不一一赘述。俗话说"十年磨一剑"，对东桥来说，他十年何止磨一剑，更何况他传承演出的传统经典剧目也很多，如折子戏《黄鹤楼》之周瑜、《拆书》之伍员，现代戏《红灯记》之李玉和等。在这些传统剧目的演出中，他更有创新、发展，深得西北五省区广大戏迷的叫好和赞誉。从这个意义上说，东桥在人物原型的塑造上所达到的数量和高度，令人难以望其项背。东桥在秦腔艺术舞台上创造了多个"第一"，中国京剧院著名导演李学忠先生曾为他题词"千古一帝创乾坤，蔡伦杜甫大精神，承前启后李东桥，当代秦腔第一人"。

第二，他音域宽广、音质透亮，鲜有人能企及。

戏曲艺术最基础也是最基本的功力当然是唱。包括秦腔在内的各剧种都不乏唱功扎实的优秀演员，而东桥天然音域宽广、音质透亮，他的唱腔有一种特有的磁性震撼力、穿透力，尤其是高音唱腔犹如穿云裂石，撼天动地。

　　音域宽广，指他音色变化大，对比异常强烈。做个比较，我们普通人讲话的音域范围也就五六度，一般唱歌是十度左右，专业演唱家可以达到十三度到十五度，亦即人们常说的两个八度。而东桥的高音绝对超过两个八度达到十八度甚至十九度，所以他的高音一般演员是达不到的。音质透亮，指他音色共鸣充分，高频泛音充盈丰满，富有力度和质感，加之他注重科学发声，吐字准确，拖腔以甩腔震颤见长，从而达到在唱腔共鸣方面能把唱段推向高潮，进而把剧情的跌宕起伏和矛盾推向高潮。比如《千古一帝》第七场，当秦王听信太后谗言，错杀忠良黑剑后，他愤恨悔怒，挥剑以泄，如风驰电掣，又骤然停顿，伏案痛哭。先是两句苦音尖板唱词："见密令甚似那炸雷疾电，亲兄弟谋造反揪心刺肝。"接着他仗剑悲呼"剑哪，剑哪！"，又是一段垛板转带板："却怎么七尺剑，未扫群雄酬夙愿，未除奸党杀奸谗，反把我股肱忠良无端冤陷，屈杀在殿前。"接着唱一大段慢板转二六"才知你对寡人忠心赤胆"。畅快淋漓的演唱，把秦王既残暴凶狠又为了统一大业而悔恨自责的矛盾内心世界表现得准确到位，进而给观众以极强的震撼力。特别是这一大板演唱，唱出了秦王此时五味杂陈的内心波澜，时而咬牙行腔，时而长音哭诉，以情带声，以声传情，最后以高音拖腔、归韵，更显铿锵有力、气吞山河，充分显露出一代帝王的英气。我是在1985年深秋，该剧进京会演，包揽十一个奖项回来汇报演出时，在研究院剧场（那时还叫排练厅）观赏的。近四十年过去了，东桥这一段感人肺腑的唱段，至今还萦绕于耳，那悲壮的画面，至今还浮现眼前。1986年，西安电影制片厂又把该剧拍成戏曲艺术电影，在全国公映，反响巨大。

同样，在《蔡伦》之"祭炉"一场，当朝廷奸佞借尚方宝剑破坏造纸大业，威逼蔡伦用其子祭炉时，面对妻子苦荷的痛心疾首，看着儿子阿宁的天真无邪，饰演蔡伦的东桥有"剑锋森森寒光照"二十多句凄楚悲切却又慷慨激昂的苦音二六板转慢板的大唱段。当唱到"你因无爹把爹找，你因有爹把罪遭"时，运用哭音拖腔，以情带唱，唱出了蔡伦此刻撕心裂肺的情绪。倒数第二句"要让文明放光耀"转成尖板，把唱腔推到高潮，接下来最后一句"要让那邪恶之火柱自烧"用垛板结束，加之舞台中后部祭炉以迅雷不及掩耳的速度，用假童替换真童的转换，使观众紧悬着的一颗心也随之落下，并由悲而喜。这一大板高音唱段再次催生了充满智慧的正义力量。

《西京故事》第五场，离家出走的罗甲成被父亲历经艰辛找回，仍然桀骜不驯，欲再次出走，甚至放出"能过了糊涂过几天，不过了登高一跳皆了然"的狠话，从而把全剧的矛盾冲突推到了最高潮。这时，只见罗天福扑通跪地，用滚白祈求儿子："你活着吧，你好好活着吧！我投降了，彻底给你投降了，给天、给地、给世事投降了……"在一段痛苦"道白"的述说过后，罗天福又有"哗啦啦一家人全跪倒"的四十二句大唱段，且以带板、慢板、尖板相互转换，把东桥的音域宽厚、音质透亮的唱功体现得淋漓尽致。我四次赴剧场观看此剧，每每唱到这里，剧场里掌声雷动，经久不息，既为东桥的唱腔叫绝，也为诚实劳动是"千秋的根基万万不敢乱动摇"这一全剧的主题呐喊。

《太尉杨震》之杨震本属须生行当，但东桥在剧中以须生行当为主，借用了红生行当的道白和唱法，取了两者之间的行腔，尤其是第二场的"四知"唱段"天知地知你知我知天地知晓怎蒙混？一生廉洁对此岂能昧良心！你若感我情难尽，就应该尽职尽责竭忠竭诚一心一意为黎民"和核心唱段"观罪行气得我浑身抖颤"的音质共鸣效果亦最佳，充分表现了人物的风骨气节。

《杜甫》第五场"长安浣月""休怪这残月百疮千疴"一段，第六场"湘江载月""江水滔滔葬诗友"唱段等都让观众叫绝不已。

之所以说东桥的音域宽广且高，音质纯正且亮，一般演员难以企及，一个不争的事实是，我发现，在西北五省区各地各种秦腔大奖赛中，无论专业还是业余，参赛选手都是模仿既有艺术家的名人名段，但几乎没有人用东桥的前述唱段参赛，这是因为他们音域的宽度和高度都达不到，音质的亮度和"脆"感也达不到，说通俗点，他们都唱不上去。我还注意到，一些专业乃至小有名气的演员，也有选场、选段演唱《西京故事》的，还有改动戏名、调整剧情，以完整故事全本形式呈现杨震和杜甫的，但在我看来，他们饰演的罗天福、杨震、杜甫，总是缺少那么一点点味道，总是达不到东桥的演唱效果，这是东桥唱腔标杆难以逾越的有力佐证。

强调东桥的高音别人难以企及，并不是说他只是单纯以高音见长，事实上他的低音处理也非常巧妙、动听。关键在于，他把高与低、轻与重这个"度"把握得恰到好处。他领衔演出的每一本戏在矛盾冲突爆发前、在高音爆破前往往有一段清唱——甚至乐队全部静止的清唱，最后再排山倒海般突然发作，这种效果极佳，用他自己总结的话，即是"宁可不及，也不能过"。东桥高音的另一特点是清脆而不"炸"。以我的观察，可能源自两个因素：一是他借鉴吸收了京剧和秦腔移植剧目的高音处理方式，如移植秦腔现代戏《红灯记》李玉和"坐监"一场出场时，"狱警传似狼嚎"一句尖板高音唱腔，他在传统剧目中有许多移植运用；二是他特别注意高音结束唱段时落板归韵，因此他的高音及低音、拖腔演唱显得更为大气、洋气。

第三，他表演洒脱，绝活频出，高人一筹。

念、唱、做、打都是戏曲演员的基本功，而做、打主要体现在表演上，这既是塑造人物形象的重要元素，最能烘托舞台效果，更能给观众带来美的艺术享受。舞台表演潇洒大方、收放自如是东桥的又一突出特点，更是业内和广大戏迷的共识。他的洒脱表演表现在多方面：

首先，他创造了一些舞台表演的新范式、新绝活。仅举两例：一是他在《千古一帝》"误杀黑剑"和"挥师出关"两场威武雄壮、潇洒漂亮的大斗篷表演。作为千古第一帝的秦王嬴政，既有统一华夏的雄才大略、文治武功，又有凶狠残暴、冷酷无情的霸气特征。在这两场戏中，东桥饰演的嬴政除了头戴特制皇冠，身着黄色龙袍，斜配七尺宝剑，脚蹬虎头三寸靴外，还特别设计和制作了一袭长约两米二、下摆宽约一米八的枣红色（里衬为金黄色）丝绒大斗篷。当他为错杀黑剑而悔恨不已，痛恨母后和胞弟乱政造反至极时，只见他双手拄剑低头不语，紧接着猛抬头，慷慨激越地唱出那板"见密令甚似那炸雷疾电"的唱词。继而转身自然地将斗篷旋转成一拢，右手将这一拢斗篷先是向右抛至空中，接着三百六十度撩起，再向左一抛，旋转三百六十度，紧接着用右手将斗篷向舞台正前方空中一抛，在空中划过一个大的抛物线。也就在这当儿，他身体左转一百八十度右手挥剑向舞台后部迈八字快走，这时斗篷自然脱落，随着人物台步前行，斗篷拖地两尺，背影轻轻远去……这个利用六斤重斗篷实现的洒脱表演，充分表现出叱咤风云、决心一统六国的少年帝王的霸气，也让观众的心情随着剧情的发展和东桥无与伦比的表演而心旷神怡。东桥不仅第一个把大斗篷搬上秦腔舞台，突破了戏曲表演中刻画人物只用水袖的传统程式，而且第一个把它展现在整个戏剧舞台上，加之他的潇洒台风，从此，"大斗篷表演"进了中国戏曲学院的教材和课堂。《蔡伦》一剧，在化装上，偏重小生扮相但眉眼柔和，整体造型色彩比较鲜艳，两鬓分别吊两绺长发，步伐轻盈上场，表现出人物的俊气。在第二场，蔡伦在灞桥边遇到村姑们漂絮，他手捧絮帕，轻轻一抖，眼睛放光，产生造纸灵感，唱出了"薄如绢，轻如纱"。接着上马有三个包腿跨步，再接着，一个翻身然后前弓后箭托马鞭背身亮相。这一套行云流水的动作表现出蔡伦灵感迸发的喜悦心情。再后来，火燃麻絮的瞬间使他茅塞顿开，说了"你是一把开心的钥匙"，既表现出人物的儒士气质，也展现出别具一格的雅士风采。二是他的模拟表演——打饼。《西京故事》是现代戏，不仅在西安演爆而且轰动全国。既然是现代戏，在表演上无程式化可言，只能在生活中取材，在生活中提炼，也就是马克思主义文艺观所要求的，深入生活、源于生活、高于生活。东桥在这部戏中的表演除了担担子、耍扁担令人印象深刻外，我认为最精彩的还是他的打饼表演。你看他双手上下击掌，右手翻腕摁下，将真实情景中的打饼动作模拟得逼真生动，充满浓郁的生活气息。加之打击乐器干鼓、梆子的击乐配合，看似简单但表演难度较大，欣赏效果很好，又极符合人物身份。这个小幅度的表演作为一个亮点在全剧多次出现，乃至在终场谢幕时也用它来压轴，深得观众喜爱。不能不说，这个"小动作"是东桥在现代戏表演范式上的一大尝试、一大创造。

其次，在传统表演程式上，他有许多看点、绝活令观众难以忘怀。1974年东桥在户县剧团时就打下了扎实深厚的基本功和舞台实践基础，1984年他进入陕西省戏曲研究院秦腔团。其前身是1938年在陕甘宁边区成立的民众剧团。该团的特点是特别注重表演程式的严谨性、规范性，加之东桥得到前辈艺术家阎更平、张新华、任哲中、贠宗翰、蔡志诚等的提携、点拨和指导，在传统剧的表演程式上，既守正笃实，又结合自身特点及角色需要，创造出许多独到的绝活、看点。一是他的口条功独树一帜。口条功，也叫髯口功，俗称耍胡子，主要是在表现正面人物尤其是中年男性的无奈、愤懑、不畏强权，乃至展现人物一身正气时才用的。在这方面，老一辈艺术家及当下实力派须生在抖须、端须、噙须、打须等方面都表现非凡，但观看东桥的口条功依然让人不禁叫绝。在《太尉杨震》第五场，当杨震看到尹仲和所呈安帝乳母王圣及其党羽罪状的竹简时，怒不可遏，拍案而起。东桥先是一段口条表演。一般演员是用左右手的十指同时弹打髯口黑三绺左右两侧的窄黑绺，再反弹回来。而东桥打两条窄黑绺，绝就绝在他打出去的两窄绺能在冠戴饰物上缠绕一圈，然后再反弹回来，这是我欣赏他口条表演时感到最震撼的。接下来"观罪行气得我浑身抖颤"的紧拦头转慢板一大段演唱，完成了对杨震不畏强权、一身正气的人物塑造，展现了主人公的豪气、锐气、威气。秦腔折子戏《拆书》中的伍员，是须生武功戏。伍员在"逃国"前既有"大堂口把豪杰气炸肝胆""把一个大英雄无处立足"的大段尖板唱段，又有武功功法表演。东桥在这段武功展示的口条表演中，右手打出窄黑绺，弹在脑后的靠旗上，反弹回来飘在空中右上方，形成涟漪状，这一美不胜收的瞬间被摄影记者捕捉下来，成为该剧的光彩剧照之一，给观众留下口条表演美的不尽回忆。还有在《杜甫》一剧中，东桥对黑三绺、白三绺也都有过人的口条表演。二是他的翎子功大气洒脱。翎子功是表现武生英俊威武、气盖山河的一个基本功。东桥在经典传统剧《黄鹤楼》中对周瑜这一形象的塑造达到了最高峰，而翎子功的展现则是其表演的重要组成部分。他在紧节奏打击乐伴奏下，双脚打开与肩同宽，左右跺步、圆场、搓手、搬翎子（包括单搬、双搬）、噙翎子、吐翎子，六尺长的翎子，被他用内气之功把玩于股掌，从而烘托出主人公的帅气和豪气。作为生角演员，东桥除了以上绝活外，他的水袖功、梢子功亦堪称一流。

再次，在同一剧目中能把不同行当都演绎得惟妙惟肖。戏剧行当的规范性、严谨性，决定了大多数演员对主工行当能做到驾轻就熟、信手拈来，但对别的行当就相对不擅长，难有突破表现。然而，东桥超越常人之处正在于，他本主工小生，却能把须生、介于须生和老生之间的麻胡子生、老生等都演得令人叫绝。《杜甫》是再典型不过的例证。《杜甫》全剧共六场，依次是"泰山梦月""少陵晒月""渭滨钓月""曲江悲月""长安浣月""湘江载月"。全剧贯穿杜甫一生，需要呈现年龄跨度较大的角色体验，即小生不挂髯口，须生挂黑三绺、麻三绺（灰胡子），老生挂白三绺。在小生场次，东桥把杜甫饰演得风流倜傥、意气风发；到了须生阶段，他的表演凸显诗人的才华横溢、仕途失意；老生时则充分展现老态龙钟、悲叹苍生的凄凉命运。虽是同一人物，但除了髯口的变化，在不同年龄段的身段、台步、念白、唱腔、眼神乃至一举一动、一招一式等细节都有很大的差别，但东桥能在《杜甫》全剧中通过从小生到黑须、麻须，再到白须表演的变化，将不同层次的多重跨行当的不同体态、不同神态和不同思想情感，都感悟得精准到位。

当然，东桥表演的洒脱、求新是多方面的，包括他的扮装。在化装造型上他颇费心思，比如嬴政这个人物的妆面，他一改传统的直眉，而化成"大刀"眉，让人物更加个性化、更为独特、更具审美意味，衬托得主人公愈发高大、帅气。其他人物塑造均讲究造型和服饰的新颖、别致。

第四，他的人物塑造之鲜明，在于用心、用情，甚至不惜生命。

一部舞台剧的成功与否，最根本的在于人物刻画、人物塑造。东桥原创性塑造的这些人物之所以个个栩栩如生、鲜活高大，其根本原因就在于他塑造这些人物时是用心、用情的，只要观众认可、满意，只要舞台需要，他可以不惜一切，包括个人的身体健康，换言之，他可以搭上性命。这方面的事例不胜枚举。1984年排练《千古一帝》时，只有二十四岁的他，为了饰演好这个角色，深入挖掘嬴政的内心世界，充分展现角色包括形体塑造，他随剧组多次赴临潼兵马俑博物馆，从秦俑雕塑中感受人物的外在气质，寻找创作灵感。回来后东桥还专门求教于秦史研究专家、秦始皇兵马俑博物馆第一任馆长袁仲一，认真虚心地学习秦史，分析嬴政的性格特质、情感变化和治国思想。正因为他用心用情立体地展现出角色的外在特征与内心世界，从而在戏曲界第一次把两千多年前的第一帝王成功地搬上舞台，并且一炮打响，轰动全国，在1985年全国戏曲观摩演出中包揽了包括"主演一等奖""剧本创作奖"等在内的十一个奖项。1986年他又凭《千古一帝》荣获中国戏剧最高奖——"梅花奖"。就这样，东桥成为秦腔艺术的第一"梅"。

20世纪90年代，为排演《蔡伦》，东桥不仅翻遍了汉代典籍、民间传说、中国科技史、发明史等文献资料，还与剧组一起到汉中地区的洋县龙亭镇蔡伦墓凭吊，把蔡伦的画像、雕像拍摄下来，放到电视机上，每天反复观察、琢磨、体味角色，从中感受蔡伦发明造纸术的心路历程，从而把一个决心"要让文明放光耀"的蔡伦形象塑造得丰满高大、充满智慧、正气凛然。该剧一上演同样反响强烈，仅我自己就在中央电视台戏曲频道观赏过两次。

为塑造人物，东桥不光自己用心用情，同时也要求他的学生、徒弟注意用心用情观察生活。为了准确把握罗天福由民办教师到村长再到进城务工者的艰辛历程，东桥不止一次地到文艺路、东门、瓦胡同村、木塔寨村等农民工揽活和居住集中的地方与农民工近距离接触，走进他们的生活，体味他们的行为举止和内心活动。特别是为了把打饼这个现代戏的小"绝活"学到手，表演到位，他多次到东木头市的秦豫肉夹馍店观察打饼人和面、醒面、揉面、揪面、擀饼、烙饼、拾饼（从炉灶里把烙好的饼拿出来）的全过程，尤其是擀饼的手法技巧。他不仅观察仔细，还不耻下问请教师傅，当场练习，回到家里还反复复习，不断琢磨，最终设计并展现给观众一个看似简单却颇有难度的模拟打饼的小"绝活"，同传统剧表演程式的闪帽翅、打口条、搬翎子一样，给观众带来不一样的感受和美的享受。

仅此三例，足以看出东桥为塑造人物形象，把心把情真是用到家了。说东桥视艺术高于生命也绝不是夸张之词。2011年《西京故事》公演后场场爆满，一票难求，为满足观众的需求，在省戏曲研究院剧场连演六十场后，又加演到八十场，但单位包场仍接连不断，时任院长的陈彦不得不和东桥商量，咱能不能突破百场？要知道，该剧演出时长近三个小时，作为男一号，东桥在剧中的表演除了担担子、耍扁担、打饼外，在"寻子"和"给罗甲成下跪"等场次还有扑、跪、翻、滚等剧烈表演；念唱方面，除了大量对白、念白、滚白外，单唱词就有一百六十四句（我在剧场观看四次曾做过统计）。这样一场戏演下来是多么的吃力（在我观看第四次，演出后曾同一圈内人感叹，这样演下去可别把东桥的嗓子给唱坏了）。最终该剧不落台、连续三个多月共演出一百零三场，突破了整个舞台剧演出的历史纪录。之后，我才知道为了这个"一百零三场"，尤其是六十场以后，他晚上演出，白天挂吊瓶，同时喝掉了一名老中医开的六十服汤药。当得知他每晚演出都是大汗淋漓几近虚脱后，老中医说："你这流的不是汗，流的是血。"难道这不是视艺术如生命、视艺术高于生命吗？！为了"戏"他完全将"我"置之度外了，把命豁出去了。也正是因为对罗天福这个人物的成功塑造，2013年东桥第二次荣获中国戏剧"梅花奖"，也是秦腔生角行当"二度梅"的唯一。

第五，他得天独厚的自身条件是不可忽视的。

东桥这个艺术标杆之所以难以逾越，除了他刻苦磨砺、用心用情的主观努力外，其实还有一个不可忽视的自身条件，即先天的优势、音乐的灵感、艺术的悟性。这也是别人难以企及的。前面提到的他天然音域宽广、音质透亮，使得他的唱腔尤其是高音唱腔如同行云流水，韵味十足，非常好听。他外形条件好，身高一米七八，体格魁梧，相貌英俊，前庭饱满，这在秦腔生角演员里是少有的。早在1981年，他还在户县剧团时，演出新编秦腔历史剧《丰河营》（饰刘章）后，著名剧作家袁多寿先生发现了东桥这个难得的戏曲人才，并当场给他题词："眉宇储豪气，挥洒自风流。举剑警四座，果然朱虚侯。"强调的仍是自身条件的重要性。正是这次崭露头角，东桥被调入省戏曲研究院。得天独厚的先天优势加上勤学苦练的后天努力，是东桥能够完美塑造出嬴政、蔡伦、杜甫、杨震、罗天福等这些高大伟岸的艺术形象的缺一不可的"两大法宝"。

我还发现一个小小的规律，东桥在成功塑造前述代表性人物时，本人正好和所饰演的人物当时的年龄相当或相近。1985年他饰演嬴政时二十四岁，1997年饰演蔡伦时三十六岁，2000年饰演杨震时三十九岁，2005年饰演杜甫时四十四岁，2011年饰演罗天福时五十岁，他的真实年龄无一例外地贴合剧中人物。这就给当下的专业演员提供了一点启示：要塑造出自己和观众都满意的理想的舞台形象，最好选择和自己的年龄接近或差距较小的角色定位。因为毕竟在同一年龄段，对人物的理解、角色的体验、身段的展现等都比较匹配，代入感强，对观众而言可信度高，容易接受。而这也是影响作品质量的关键因素之一。

总之，基于以上五个方面，我认为，东桥五十年的艺术成就是巨大的，特点是异常鲜明的，已经为秦腔生角行当立起了一个标杆，而这个标杆到目前为止还没有人能够逾越。正如著名作家、剧作家，中国作协副主席、中国戏剧家协会副主席陈彦所说："李东桥是秦腔的骄子，他以天赋条件加勤奋努力，成就了秦腔表演艺术的辉煌业绩，所塑造舞台人物形象，个个充满秦人的血性阳刚气质，必将在这块土地上影响深沉，传之久远。"

然而，历史的法则是"青出于蓝而胜于蓝""长江后浪推前浪"。我还是希冀并且相信，在秦腔舞台上能出现超越东桥这个标杆的人，也就是说，希望通过个人努力和自身条件都能达到并超过东桥的这个人早日出现。这样，也只有这样，才能推动秦腔艺术的高端发展。

陈答才 陕西师范大学教授，博士生导师。

秦腔之光

记秦腔首位"梅花奖"得主李东桥

○ 戴　静

　　被誉为"秦腔王子"的李东桥，在2011年着实又火了一把。3月7日，由他领衔主演的秦腔现代戏《西京故事》正式亮相，不仅立刻牢牢占据了西安舞台，还赴北京、重庆、上海参加国家各类重大活动，八个多月里，一口气演出一百二十三场，引起观众街谈巷议，大学生击掌叫好，媒体广泛聚焦，专家交口称赞，领导高度肯定，创造了我国现代戏领域罕见的壮观景象。10月，这部刚刚诞生半年的秦腔大戏，赢得第十二届中国戏剧节"优秀剧目奖"；扮演剧中男主人公的李东桥，也在征服了无数观众、专家的同时，荣获"优秀表演奖"，迎来了自己粉墨生涯里的又一春。

　　国家一级演员李东桥，是当今西北五省区大秦腔的领军人物。早在1985年，年仅二十四岁的他便因成功饰演《千古一帝》中的秦王而一举成名，获得了陕西秦腔演员的第一个中国戏剧"梅花奖"。此后的二十多年里，随着李东桥主演的《太尉杨震》《真的，真的》《留下真情》《谢瑶环》《游西湖》《恩仇记》《黄鹤楼》等作品不断问世，大大小小难以计数的奖项纷至沓来，奠定了他在秦腔界男演员中无人匹敌的地位。已届知天命之年的东桥，早就习惯了戏迷的喝彩，对获奖也已泰然处之，渐渐显现出一种豁达和从容。但此次获得中国戏剧节"优秀表演奖"，却让他感受到久违的激动。因为罗天福形象的成功塑造，标志着他攀上了粉墨生涯中最险峻、最风光的一座新高峰。

咏帝王长歌　少年一举成名

出生于1961年底的李东桥，身躯伟岸又挺拔修长，相貌精致而棱角分明，双眸深邃却寒光炯炯，周身豁透出些许高贵优雅、空灵俊秀，又流露着一丝冷峻与不羁。从演员的自然条件来说，李东桥本身就是对完美的最好诠释，是注定为舞台而生的一个精灵。可是，一个堪称悖论的现实是，演员自然条件的优越，并不意味着事业的必然成功，不刻苦，不努力，而仰仗着自身本钱唱戏的人，最终大多流于平庸。好在关中农家孩子李东桥，从小就是个认死理的人，自十二岁进入县级剧校背粮学艺，他就笃信"戏是苦虫，不苦不成"的俗语，牢记"冬练三九、夏练三伏"的行话，除了上课认真听讲，排戏仔细琢磨外，还早起晚睡加私功，压腿下腰，耗膀子，翻跟头，吊嗓子，练白口，常常两头不见天，不筋疲力尽不罢休，终以优异的成绩考入陕西省户县人民剧团，踏上了专业演艺之路，并迅速成为剧团的台柱子。

1984年，李东桥的人生发生了一次巨大的变革，他被调入号称"秦腔最高学府"的陕西省戏曲研究院，出演新编历史剧《千古一帝》中的男一号秦王嬴政一角。风华正茂的李东桥，紧紧抓住了这个千载难逢的机遇。除了小生行当的潇洒飘逸外，他又在深刻理解史实的基础上为角色糅进了须生的沉稳刚劲和花脸的夸张粗犷，以大幅度的形体动作和充沛的感情，来表现秦王这个特定人物的政治气度和复杂的内心情感，唱腔上以洪亮、厚实、醇厚的嗓音，唱出秦始皇的王者之风以及内心的煎熬和震颤，成功塑造出一位既有卓越胆识、雄才大略而又暴戾专横，同时不乏人性和温情的立体饱满的帝王形象。那年，《千古一帝》轰动京城，风靡全国，还被拍摄成戏曲艺术影片。紧接着出访海外，在日本十四个大中城市巡演，脱颖而出的李东桥也随之声名远扬，摘得了西北秦腔界的第一枝"梅花"奖项。

见多了演艺界转瞬即逝的流星，默记着方仲永的悲剧，年轻的李东桥对自己少年得志，一举成名，其实一直心存一丝忐忑和警觉。为避免沦落成昙花一现式的人物，他强迫自己平静下来，沉潜下去，开始有意识地从观念、思维、颖悟力、技能等各个方面审视自己，查找自身的不足，加以有针对性地充实提高，夯实艺术根基。在业务上，他要求自己勤思、苦练，时刻提醒自己两者不可偏废。他认为：勤思而不苦练，就无法掌握高超的技艺，更不可能有强大的表现力；苦练而不勤思，就会越练越僵或越练越油，成为只会耍弄技巧的肤浅艺人。想到自己幼年学艺早早离开课堂，教育的欠缺造成知识结构上的短板，李东桥便下功夫读书，恶补文艺理论，阅读人物传记，广泛涉猎各种形式的艺术书籍，从中体验人生况味，汲取思想养分，以武装自己的头脑、指导自己的创作。话剧、电影、小说、音乐……凡对演戏有启发的东西，他几乎是来者不拒；秦腔各个行当的特色、院内每位老师的优长，他都尽心尽力地学习，努力做到兼收并蓄。

功夫不负有心人。李东桥这种不拘门派、厚积薄发的文化精神，成为他在艺术上不断实现突破的力量源泉，他饰演的角色总是透着一股子属于他独有的鲜活和灵性。《千古一帝》（第一部、第二部）中的秦王嬴政、《蔡伦》中的蔡伦、《太尉杨震》中的杨震、眉户《留下真情》中的金哥、碗碗腔《真的，真的》中的卢巴克，都是他的得意之作，为他带来了无数殊荣，不仅大批陕西观众为之痴迷，在大西北各地也拥有不少热情忠实的戏迷。多部大戏的舞台实践，使李东桥历经砥砺日趋成熟，艺术观念进一步更新，表演手法进一步丰富，理解人物、创造角色更加炉火纯青，赢得了广大观众的爱戴和业内专家的好评，无可争议地成为秦腔的顶尖小生。

叹诗圣悲苦　中年华丽转行

2005年，已过不惑之年的李东桥遇到了一个极大的挑战——他被选中担纲大型秦腔历史剧《杜甫》主演。以往他驾轻就熟的角色大都以文武小生应工，但若用其表现"诗圣"由壮及老、由老而衰的悲剧人生，显然不行，需要转行须生，这让他感到了前所未有的压力。

重压之下的李东桥，反而被激发出了强烈的创造热情和欲望。他迎难而上，进行了全方位的准备。为了熟练掌握须生的表演程式，他将髯口装在皮包里，随时随地拿出来练习；为了深刻领会杜甫的思想内涵，把握人物的命运遭际，他阅读了三个不同版本的《杜甫传》；为了颖悟杜甫的精神气韵，感受人物的家国情怀，他专门赴成都杜甫草堂拜谒，并通读了杜甫的传世诗作，背诵了其中有代表性的名篇；为了尽快熟记剧本诗化的台词，他将之密密麻麻地抄写在手臂上逮空儿就背；为了练好多年不用、久已生疏的"僵尸"技巧，他一次次摔得眼冒金星；为了表现人物极度悲愤的心情，他设计了一个爬向台阶的动作，磨得双腿一片青紫……经过艰苦的努力和编剧、导演的帮助，李东桥攻克了知识储备、行当技巧等一个个堡垒，渐入佳境。

舞台上的李东桥，光彩照人，艺压群芳。人们看到了杜甫蜗居长安十年，怀才不遇，沦落曲江卖药，忍看红颜知音娇娘为葬父堕入风尘却又无力相助时的苍凉和无奈；看到了诗人陷入叛贼之手，宁死不愿屈从的民族气节；看到了他"四十有四，才混得如此差事"的悲苦与自嘲。随着剧情演进，杜甫幼子冻饿夭亡，连年战乱，百姓身陷浩劫，饥寒交迫，尸横遍野，自己又因以诗针砭朝政而获罪，被逐出长安。接踵而至的打击使诗人痛不欲生，发出了"朱门酒肉臭，路有冻死骨"的惊心动魄的怒号，写下了"三吏""三别"这样的不朽篇章。诗人的才华与激情、惆怅与无奈、悲痛与愤慨等特质被李东桥淋漓尽致、纤毫毕现地呈现出来。他的唱腔，浑厚大气，秦韵浓郁，感情饱满，摄人魂魄。低回处，似林涛涌动，悲怆呜咽，让人痛彻心扉；高亢处，如雷电轰鸣，激昂酣畅，振聋发聩。东桥成功地艺术化再现了诗人坎坷跌宕的生命历程，展示了他忧国忧民的悲悯情怀，完整地诠释了诗人在残酷、黑暗的社会现实下，灵魂的挣扎，激情的迸发，直至孕育出旷世诗篇的全过程，使杜甫的伟大形象和人格力量，鲜活在21世纪的舞台之上。

由于李东桥塑造的人物契合、升华了当今大多数观众心目中的杜甫形象，因而得到了广泛的认可。《杜甫》参加第四届北京国际戏剧演出季，被央视《空中剧院》全剧拍摄多次播放，在西北五省区秦腔节、第四届陕西省艺术节上，均荣获优秀剧目奖且位居第一。但到济南参加全国地方戏优秀剧目（北方片）评比展演时，却听到了不同的声音。有专家议论说，杜甫的生命基调是忧患与沉郁，而这部戏从剧本到舞台呈现都比较张扬，色彩过于丰富。信心满满的《杜甫》剧组最终只拿了个剧目三等奖，从济南铩羽而归。

性情执拗的李东桥对此种说法不以为然。他认为，剧本撷取的是杜甫人生最具有戏剧性的片段，舞台表现的是浓缩了的感情，而能够吟诵出像"三吏""三别"《茅屋为秋风所破歌》《闻官军收河南河北》《登高》等惊天地、泣鬼神诗篇的"诗圣"，其精神世界一定极为丰富复杂，内心一定翻腾着滚烫的岩浆，奔涌着喷薄欲出的豪情，自己对人物心理走向的把握应该没有误差。而李东桥的《杜甫》至今为人津津乐道，时不时还有重要活动指定《杜甫》担纲，也从一个侧面证明，这是一部受到许许多多"杜迷"肯定和喜爱的戏。每每演出结束掌声如潮，他便难捺心灵的激荡，任泪水夺眶而出，恣意流淌。这泪水，浸透着李东桥收获的喜悦、成就的艰辛和对观众的感激之情。

吟平凡人生　盛世再攀高峰

　　从小生到须生的成功转行，大大拓宽了李东桥的戏路，使他在创造人物方面渐渐步入随心所欲、游刃有余的境界。2011年，著名剧作家、陕西省剧协主席、陕西省戏曲研究院院长陈彦的新作《西京故事》推出，李东桥遂成为主人公罗天福的不二人选。

　　《西京故事》中的罗天福，属于农民进城务工人员，虽然在乡村曾任过民办教师，并执掌过村长大印，但到了城里，还是城市社会底层的一介平民。一个不争的事实是，李东桥的扮相气质与罗天福相去甚远，要演好这个小人物，对李东桥来说不啻是攀登一座遍布荆棘的山峰，具有相当的难度。平素惯于表现叱咤风云的帝王将相、风流倜傥的鸿儒才俊，李东桥从来没有设想过有朝一日将自己与农民工形象联系在一起。那些曾经在他辉煌的创作经历中打下烙印的演艺经验，此刻却显得那么苍白薄弱，完全失去了可借鉴性。

　　执导《西京故事》的国家话剧院著名导演查明哲，是位观念新锐、思维深邃、言语犀利、满脑子新点子的艺术家。查导通读剧本后的第一感觉是，这部将要横空出世的作品不同凡响，当很多人为剧中人罗天福与扮演者李东桥之间反差太大而捏一把汗时，他却对李东桥超强的可塑性信心十足，并且敏锐地捕捉到李东桥极具感染力且与人物质地极其契合的憨憨笑容……遥望《西京故事》的前景，查导竟有些隐隐的激动。

编剧、导演、主演，三位在各自领域里堪称翘楚的艺术家，三位正处于艺术盛年的优秀男性，就这样携手踏上了艰辛的创作历程。他们到城中村与农民工交朋友，观察其言行举止；在马路边劳务市场与农民工促膝交谈，计算其在城里打工的收入；他们一起仔细研究剧本，探讨舞台表现方案；剧组众位艺术家放弃春节假期、放弃演出旺季，夜以继日地排练……在他们成功的碰撞之下，在眉碗团全团同仁的努力下，《西京故事》于2011年3月7日，紧锣密鼓地搬上了舞台。

至此，"小人物"罗天福，以一种感天动地的穿透力，闯入人们的视野，并迅速走红大江南北，被誉为"现实主义题材的杰作"，堪称"新时期戏剧的里程碑"。

《西京故事》讲的是生活在当下的一群小人物的故事。它在平凡中发现崇高，在时代变迁中呼唤定力，讴歌处于社会金字塔底层的普通老百姓坚韧、顽强的品质，弘扬以诚实劳动安身立命的恒常价值观，剧中倾力塑造的主人公罗天福，有梦想，有担当，有无奈，有抗争，以坚定刚毅的信念、宽厚广阔的胸怀、自强不息的精神，延续着中华民族永恒的守望。看着舞台上那些似乎发生在自己身边的事，听着那些角色念出的自己久藏心底说不出来的话，台下的观众任谁都不可能无动于衷，无法不感动不激动，无法不产生共鸣共情。这个小人物的博大境界，为挣扎在尘世浮华和都市喧嚣中的人们，悠然注入了一种温暖恒久的生命力量。

一部现代戏，一部地方剧种的现代戏，《西京故事》井喷式的爆红实属戏剧舞台多年来罕见的现象。这对许多人来说是意料之外，但在李东桥看来，却是情理之中，因为，最先被这出戏感动的，恰恰是他本人。"不知道流了多少次泪，"他说，"无法计算，演了一百二十多场，平均每场哭三次，一共多少次？就这还不算排练阶段。""演罗天福，我感到灵魂得到了净化。作为一个演员，一辈子能遇到这样让人动情、忘我的角色，是一种幸运；而这样中华民族脊梁式的人物，如果不能在当今舞台上有血有肉、活生生地表现出来，那是我们的失职。"

《西京故事》的成功，李东桥功不可没。能够将一直处在平凡而琐碎的生活中，并不曾有过任何辉煌业绩的小人物，演绎得顶天立地令人肃然起敬，是他与编剧、导演一同创造的奇迹。用感情、用汗水、用心灵、用生命来诠释人物，使他的表演撼人心弦，感人至深。初进西京城的兴高采烈、踌躇满志，发现女儿在校园捡垃圾时揪心的愧疚与心痛，面对房东无端怀疑时绵里藏针的铿锵话语，儿子离家出走时深深的绝望与悲凉，劝子训子时的苦口婆心、微言大义，他都表现得层次清晰，情真意切，让观众完全融入了剧情，忘记了这是在演戏。

李东桥的嗓音圆润厚实，他的演唱腔调之美、字音之正、韵味之厚、音色之醇，令人击节赞叹。无论是和风细雨、娓娓道来的欢音二六，还是苍凉奇崛、奔放激越的大段苦音慢板，听来都令人感到优美舒展，酣畅淋漓。而从人物的特定身份和特定心理出发，并融合戏曲程式所创造的诸多极富表现力和张力十足的身段，也恰到好处地揭示了罗天福内心的震颤和矛盾，给人留下难以忘怀的记忆。于是，一个兼具复杂性、多重性、深厚性，相当难把握的人物，在李东桥细腻、逼真、准确、生动的创造中鲜活了起来，给人以强烈的触动、深深的启迪和无尽的遐想。农民工罗天福这个独具光彩的典型形象，堪称秦腔以及"秦腔王子"李东桥为新的历史时期做出的又一新贡献。

　　李东桥的艺术表演气势磅礴，塑造人物出神入化，受到包括年轻人在内的广大观众的痴迷和追捧，也受到了各级领导和各界专家的高度赞誉，继而又捧回了国家级大奖，可谓实至名归。但功成名就的他，至今都不曾有片刻懈怠，仍然坚持录制每天演出的音像，每天细细回放，从中寻找自己表现不足、需要改进的地方……

　　如此尊重事业、尊重观众的艺术家，人们当然会生发出由衷的敬佩，并为他大声喝彩，为他热烈鼓掌。

戴静｜陕西省戏曲研究院艺术研究中心原主任，研究员。

▲李东桥与妻子

▲全家福

李东桥的戏曲观及其艺术创造

○ 杨立川

李东桥被称为"秦腔王子"。他的表演得到了演艺界和观众的普遍肯定。这不仅源于他的表演才华，也与其对艺术的深刻理解有关，与其戏曲观念有关。他的戏曲观不仅体现在对于具体的戏曲表演的认识上，而且体现在他对当代戏曲艺术整体的、宏观的认识上。可贵的是，他的戏曲观具有实践性，他本人作为一位演员，能够在演艺活动中充分践行自己的戏曲观念。

一个人的戏曲观，首先表现在如何认识戏曲与生活的关系上面。在此一点，李东桥能够大处着眼，表现出一位艺术家的高远艺术境界。

艺术源于生活，改革年代的艺术与生活的关系有其特殊之处。于此，李东桥的戏曲观首先表现在其对戏曲改革问题的认识上。

当代戏曲艺术面临的最为重要的问题就是改革，通过改革求得自身得以更好地生存发展。随着社会生活的剧烈变迁和媒介生态的深刻变化，包括戏曲在内的当代中国艺术体系的变革成为必然。在戏曲改革的问题上，许多著名学人提出了自己的思考和观点。李东桥作为一位优秀的戏曲表演艺术家，也在不同场合言及自己的思考和认识。他在接受《当代戏剧》杂志社采访时，比较系统地阐述了自己的观点。总体而言，他的基本观点可以用两句话加以概括，即变革时代戏曲必须改革创新，同时戏曲改革要尊重戏曲艺术的特点和规律。在李东桥看来，改革和对于传统的继承并不是矛盾的，戏曲改革是必需的，但同时又不能乱改，要遵循戏曲固有的特质。在接受访谈时，他特别强调了戏曲的"写意性"（他说"戏曲有很多写意的东西"）特征和"程式化"特征。他还特别对一概否定传统的倾向和那种把改革简单化地理解为"随便加入一点自己的东西"的轻率、随意性的改革提出批评。李东桥在接受《山东商报》采访时也强调，秦腔既要创新，还要继承。他说："在地道的秦腔基础上，做出提升。在唱法上，在板体的运用上，在乐器的构建上，都要有创新，但又不失秦腔的本土性和原生态。优秀的文艺作品，要让大家在欣赏艺术的同时，不但能陶冶情操，还能从内容中受益。"我在查阅相关材料时，曾看到2014年李东桥表演艺术研讨会上季国平先生所说的一段话。他认为，舞台呈现要回归剧种的自身特点，不可急于时髦化，急于让年轻观众认可，而缺少了"冷板凳"，缺少了学术理论支撑。我想，李东桥的戏曲改革观应正使其能够避免堕入这样的陷阱，因为他不仅认为应该坚持改革探索，而且注重遵循戏曲艺术自身固有的特点和规律——这正是戏曲之为戏曲的根本所在。

戏曲艺术与社会生活的另一层关系，即在反映现实的基础上反作用于现实。在此一方面，重视改革时代戏曲的社会教化功能是李东桥戏曲观的重要内容。具体而言，他认为，作为今天"变革时期"的戏曲，应该在反映现实的前提下传递对于社会运行发展发挥积极作用的"正能量"的东西。

中国文化的一大特征是文以载道，中国戏曲在这方面则表现得尤为突出，即所谓高台教化。在常态化社会生活中，戏曲发挥着传播主流意识形态和协调基本的社会关系以保障社会正常运行的重要功能，这是由戏曲艺术的特性所决定的。李东桥对此也有清醒的认识。在谈到《西京故事》一剧的主题歌时，李东桥认为其"为社会急速变革时期处于迷茫中的人们，展现了中华民族特有的坚持与坚定，唱出了人们心中久违的豪情"。谈到罗天福，李东桥认为《西京故事》中这一"有文化、有担当、有责任意识"等内在品质的主人公"是一个伟大的父亲"。他强调《西京故事》一类"这种现实题材的戏，最终想表达的就是要坚守、要感恩，在反映社会现实的情况下，同样也传递着正能量"，如此等等。

李东桥是一位演员，涉及具体的业务，他最大的贡献当然是通过其富于创造性的精湛的表演塑造了一系列成功的舞台形象。于此，李东桥的戏曲观具体表现在对戏曲人物形象塑造的认识上。他的认识也渗透着对戏曲的整体把握。

例如，李东桥在谈及其成名作《千古一帝》时，曾多次表达出自己对于个性化人物形象塑造的追求。为了更好地表现人物,他大胆创造,同时又始终表现出对于"戏曲性"的坚守。

中国传统戏曲的特点之一,是人物的类型化,或者说是脸谱化。而李东桥的秦王嬴政形象的塑造却明显表现出对于个性化人物形象的追求。在谈及嬴政性格及其表演时,李东桥多次清楚地说明他在表演上追求对于特定历史场域下的秦王复杂性格的呈现。他谈到,为了能够充分表现出作为帝王的嬴政的政治气度及其复杂的内在感情,他在表演时有意识地"吸收了小生表演的潇洒飘逸和须生的沉稳宁静,又大胆地运用了花脸粗犷的体魄,融会在一起来表现这个特定人物的高大形象"。融合小生、须生、花脸,这是非常大胆的创造。这种创造的目的在于塑造理想的人物形象。很显然,这种探索既应和了当代艺术注重人物性格个性化的需要,又没有割断戏曲传统,而是创造性地继承和发展了传统。言及《西京故事》中的罗天福,李东桥认为,罗天福"绝不是不食人间烟火的高大全式人物,而是似乎生活在我们身边的,让人感到真实亲切的老人"。他对于罗天福形象的演绎也颇富于创造性。他说他在塑造罗天福形象时,也注意了现代和传统的结合,"借助了戏曲的身段,同时运用了戏曲程式化的东西,在现代戏里边体现戏曲的形体美"。他在排演《西京故事》时,为了使得表现更具戏曲性,还提出把罗天福的三段白口改为用滚板来表演,以及后来建议运用"喝场"表演,在强化了表现的戏曲性的同时,也强化了演出的效果。

当然,李东桥戏曲观的内容不限于此,以上只是其中较为主要的几个方面。他的戏曲观还有其他内容，例如，他曾在接受记者采访时表示，"秦腔是我的信仰"，表现出对于戏曲高度的价值判断。为此，他强调在演出中要全身心投入，以达到完全艺术化地呈现的良好状态。他说："舞台就是个镜框子。你是镜框子里的一幅画，这就是艺术。当你走出幕条的时候，你在观众面前就是个艺术品。你的举手投足包括眼神，多少观众都在看着你，你的眼睛只要稍微一胡瞟，观众就会说，这演员咋是个这呢。"

综上所述，李东桥的优秀，显然与其天分有关，与其努力有关，同时也与其对于当代戏曲的深刻理解有关。这也说明一个道理，一个演艺人员要达成艺术家的境界，不仅需要精湛的演技和极好的天分，还需要有对戏曲的理论上的深入思考和认识。

这正是李东桥区别于一般演员的地方。

杨立川　西北大学新闻传播学院教授、博士生导师。

期望中的秦腔回来了

○ 李增厚

这些年,改革的大潮席卷全国,尤其是经济建设创造出了骄人的成绩。各行各业正在按照中央的部署谋求改革更上一个新的高度,文化艺术表演团体当然不能例外。陕西省戏曲研究院对戏曲的改革由来已久,对于秦腔的改造创新尤其是唱腔,总想把这一传统艺术改出个名堂。按说戏曲(秦腔也是这样)是"一种板式,万千变化",不变是相对的,变才是绝对的,只有变,戏曲才有发展。但是这种变,一定要有坚实的传统基础和熟练老到的技术把握,不然变是变了,新是新了,然而不好听,没有味儿了,既脱离了观众的欣赏习惯,也背离了秦腔的本体要求,致使创作的才能与创新的目的达不到预期的效果。

陕西省戏曲研究院当年有秦腔界泰斗级的人物,如李正敏、田德年、刘易平、阎更平、任哲中、阎振俗、杨金凤等,后起之秀也有如李继祖、马蓝鱼、李应真、马友仙等具有真才实学的名家。后来因一两部戏而一夜爆红的就一茬接一茬的层出不穷了,但是在观众心目中留下唱做俱佳印象的角儿的实在是少之又少。直到目前听到有很多观众（其中很多是秦腔戏迷）说："研究院的戏我是不想看了，更不想听了，他们唱的是改良的秦腔，改得不像秦腔了还改啥嘛，乱折腾！""门楼那么高，人缘那么广，就是不好好唱秦腔。"如果有心走进观众里好好听听意见、多多交谈，便知实情。然而，就在现下，在繁荣发展秦腔艺术、助力陕西文化强省建设的过程中，在陕西省戏曲研究院领导的带领和大家齐心协力的努力下，情况发生了变化，新时代的秦腔艺术在创新之路上焕发出新的生命力，在开拓进取中迎来又一高峰。请诸位去看看《西京故事》。

第一，陈彦的原著剧本好。贴近生活，贴近平民百姓，从百姓的平凡故事里反映了现实生活中的真实思想、态度、情操和世界观。罗天福说服儿子的话能服人，能改变人。儿子的幡然悔悟情通理顺，给人以真，父亲的言行给人以善，戏的结局给人以美，可以说，真善美贯穿全剧。缺乏对百姓生活、思想感情的真正理解，不会写出这样的好戏。陈彦的创作确实令人佩服。

第二，唱出真正的秦腔了，而且还唱得很好。过去我曾想，甘肃省秦腔艺术剧院的《锁麟囊》为什么不能出现在陕西省戏曲研究院的舞台上？现在好了，《西京故事》的唱改变了他们以往的风格，回归到秦腔艺术的本体上来了。有了秦腔的板头，有了耳熟能详的秦腔过门，有了激昂悲怆的秦腔音韵，传承发展、守正创新走上了正道。可以这么说，《西京故事》的唱是研究院多年来在唱腔创作上的一个里程碑。

这一现象让众多喜爱秦腔、喜欢陕西省戏曲研究院的人很欣慰，叫人有信心了，值得祝贺。

  第三，说说李东桥。东桥的戏看过几部，以往的印象是，东桥是个好演员。个头、体形、面相、嗓子等诸方面都给人以一个好演员必备的先决条件。他的戏也不错，《千古一帝》使他登上了中国戏剧最高领奖台，夺取了"梅花奖"。之后的戏，如《杜甫》也是表现不凡。但坦白地说，在《西京故事》之前，他的唱还不能使人振奋与欣喜若狂，不能使观众在池子里感动地高叫一声"好！"。戏曲"四功五法"，唱为"四功"之首，如果没有一句在观众中印象较深的唱，总是不完满的。李正敏、刘易平、肖若兰等就是在唱上把观众拿住了。余叔岩、程砚秋等为什么传承人不计其数？就是唱得好。这下，《西京故事》可算把东桥"成全"了，也可以说，东桥"成全"了《西京故事》。该戏好似专为东桥而写，又像是东桥专为此戏而来，人戏合一了。人物扮相合适，唱做俱佳，尤其是唱腔表现最为突出。我第一次观看《西京故事》后，感觉很好，本想再看一次加深印象，又怕加深了的印象打破第一印象，故而仅就第一印象发些议论，谈谈观感。东桥在这个戏里唱得真好。他的字、气、声、情诸多方面很是用心，技巧上处理得甚是高明。吐字清晰，四呼五音得法，无论是道白还是唱腔，字字真切、音准调明，如珠落玉盘清脆响亮。气息运用得科学合理，声调的强弱疾徐处理得当；节奏的掌控符合词义和人物的情绪，以情带声、以声传情，揭示了人物的内心世界以及深刻的主旨内涵。他把握住了秦腔声韵的特色又具有如何表现的技术能力，给人以美的享受。他对唱有自己的真知灼见，该戏中唱得那么多，但没有一句以"高尖亮大"来卖弄嗓子，取悦观众。仅这一点，就能使人感到一个好角儿的成熟与高雅。"训子"（权且这么命名）一场是东桥唱功的重头戏，"我也会……"一段很好、很精彩，可以在大型演唱会上与人媲美，很可能还要在票友中流传。"挽紧套牢……"一句唱得更是振奋人心，"乱动摇……"的齐板果断稳当，有力、有技、有情、有味。这不单是板式运用得当、处理巧妙，更在于演员的唱既能使观者心旌神摇，又能感受秦腔慷慨激昂的浓郁声韵。《西京故事》选择了李东桥，李东桥更为《西京故事》增光添彩。戏，为什么能受到广大观众的喜爱甚至痴迷？主要靠的是角儿，"看戏是看演员"。《西京故事》如果没有李东桥的精彩演唱，就不可能有今天这样好的演出效果。戏曲界常说的"要出人才"，理由尽在于此。

　　李东桥在新编戏中善于塑造人物，这是他的优长。我希望他有更多的戏让观众喜爱，尤其希望他再奉献几折生行的传统"打炮戏"增加自己的代表作，那就更圆满了。

李增厚　西安艺术学校秦腔专业教研室原主任，《大秦腔》原副主编。

秦腔名家李东桥的文化担当

○ 严森林

兰州观众对陕西秦腔名家李东桥相当熟知，钦佩已久。这是因为他自十二岁开始学艺，主工文武小生，至今创作、演出了从《千古一帝》《太尉杨震》到《杜甫》《西京故事》等众多光彩照人的秦腔艺术形象，已成为秦腔剧种实至名归的标志性人物。在兰州举行的西北五省（区）秦腔艺术节上，李东桥演出《西京故事》的主人公——农民工罗天福，在兰州观众中又一次引起强烈反响："他就是罗天福，演出了秦腔的精气神！""他把现代戏也演得这么感人，真是当代中国秦腔的台柱子！"凡此种种，好评如潮。

秦腔的生命里流淌着的是中国戏曲艺术的血液，李东桥在他的表演艺术创作中也一直是天然地血脉偾张，充溢着传统戏曲的精髓，而且悟透了秦腔文化的义涵，充盈着理性思辨的深刻。他在《与罗天福一起拼搏共同担当》一文中说："秦腔现代戏《西京故事》，让我明白了什么样的作品才能真正受到老百姓的欢迎。紧贴大地，尤其是贴近最广大平民阶层,直逼他们在精神与物质、理智与情感撕咬中的苦痛心灵,从而打压出能够透视时代本质的艺术琼浆,这当是现实题材文艺创作不甘边缘、勠力进取的重要出路。"

这话说得非常好。罗天福进城天天打烧饼就是为了一家人糊口,为子女考大学积攒学费,这就是苦熬、拼搏;进了城的儿子并不以为然,厌烦甚或厌世,价值观迷失,几番与他冲突,他便担当起做父亲的责任。剧中那段核心唱段"我大,我爷,我老爷,我老老爷就是这一唱,慷慨激昂,还有点苍凉。不管日子过得顺当还是恓惶,这一股力气从来就没塌过腔……",这是给孩子唱的,也是给观众唱的,充分体现了罗天福的人生价值和生命意义。剧中还有一种伤痛,那就是在"给天,给地,给世事,给儿子投降了"时的双膝一跪,肝胆俱裂,催人泪下,非同寻常。真切中的气概,屈辱中的大度,彰显了身为长辈所肩负的使命与义不容辞的责任。李东桥把罗天福演活了,演得真实无妄。且不要说在排练场上的挥汗如雨,南来北往几百场的巡演,他每场都要忍不住哭三次,损耗气力,嘶哑嗓音,腰酸膝痛,就是为了真实地表现罗天福"三次断裂三次接拢的脊梁"之"形"与"神"。正是李东桥的拼搏与担当,使这出现代戏成为当今中国剧坛最为走红的现代戏佳作。他与这出戏都郑重地告诉人们:秦腔并没有过时,秦腔活在民众间,秦腔依然有其厚重的文化和艺术价值。对观众而言,今天的秦腔有好戏,而好戏全要靠人演出来,所以又期盼——像李东桥这样的秦腔名家再多一点该多好!

李东桥有切身体会到的艺术箴言，这就是在他多少年来对秦腔的忧患情绪中所感悟到的"平民意识"。放眼当下，受欢迎的作品就是要"直逼"广大平民阶层的生活真实，从而打压出"艺术琼浆"以滋养我们的社会，提升人们的精神操守。这种平民意识在某些戏剧圈子里很有一段时间不太说了，或是遗忘了。似乎戏剧创作的起承转合最终目的就是为了评奖，轰轰烈烈排戏就是给专家看的，是圈子里自己的事情；或把观众、老百姓只当成一种"标签"挂在嘴上，并没有把平民意识真正当成艺术生命的重要组成。作为名家，李东桥说出"紧贴大地""不甘边缘，勠力进取"，这般心声，铿然有力，掷地可作金石响。

是的，平民意识的觉醒需要真心地体悟，"油滑"的心态实难感知其一二。艺术滑坡，观众流失，是戏剧的危机。秦腔本来就是老百姓的戏剧，究竟怎样才能走近观众，摆脱危机呢？即一开始创作就要眼睛向下，放低姿态，打造大众喜闻乐见的"平民艺术"，不求表面的"豪华"，但求真情倾吐；要在善良中释放同情，要在精神上拥有富足，这就叫"俗中见雅"。我们在任何时候都不能不认识到，如果没有千百万人自觉自愿地欣赏，遑论戏剧的生存价值。坚守"以人民为中心"的立场和本质特征，是文艺作品的生命线。戏剧要为最广大的普通民众服务，这是人类有史以来对戏剧功能不断深化的再认识。李东桥悟到了，说到了，做到了，也时时醒示于人，这是他自觉践行社会主义核心价值观的鲜明体现和不懈追求，对坚持"二为"方向、贯彻"双百"方针具有重要的推动作用。

在华夏文明传承的热潮中，人们还是需要摒弃浮躁心绪，冷静地反思自我，重新真正认识秦腔文化的现代内涵及意义，更要注重像李东桥那样的文化担当精神，培养之，弘扬之。如若现有的戏曲院团从业者能为其"天职"而一起拼搏、共同担当，始终秉持德艺双修的艺术初心，那就实在太宝贵了，不啻为秦腔文化之万幸！

严森林｜国家一级编剧、戏剧评论家，甘肃省戏剧家协会原副主席。

▲ 著名京剧表演艺术家尚长荣先生为李东桥题词

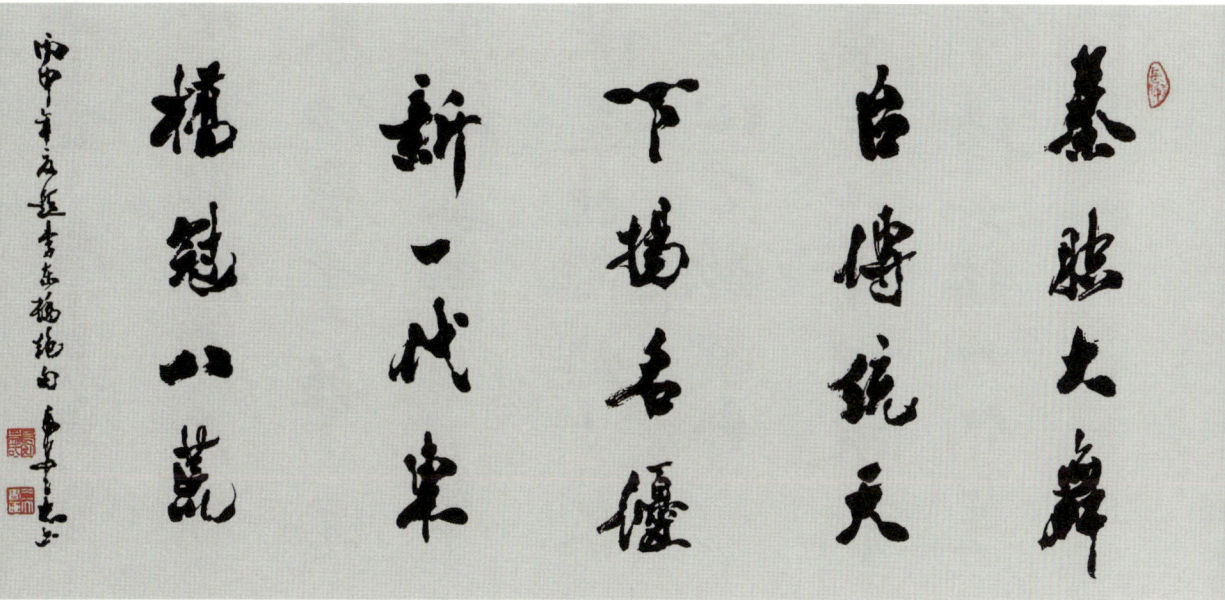

▲ 著名书法家吴三大先生为李东桥题词

激情入韵 大象正形

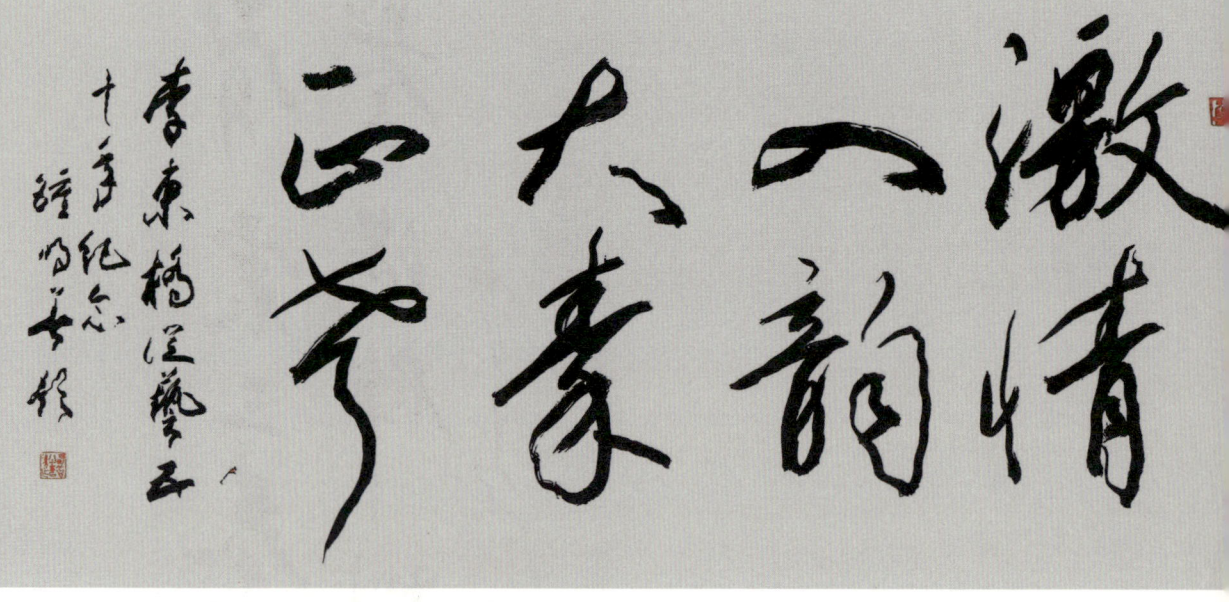

李东桥淫艺五十年纪念 钟明善作

▲ 著名书法家钟明善先生为李东桥题词

千古帝名留千载 十载勤练艺乃精 苦功磨尽胭脂苦 亮相每获满堂声 深造竟浮梅之庆 潜心方显戏外功 莫言心墨叹尺地 修持必铸一代星

李东桥先生艺术研讨会贺 雷珍民

▲ 著名书法家雷珍民先生为李东桥题词

二

专家评戏

秦腔《千古一帝》观后

○ 何西来

陕西省戏曲研究院秦腔团带了新编历史剧《千古一帝》，来北京参加全国戏曲观摩演出。这个戏操秦音、演秦事、抒秦情，场面宏大，立意新颖，具有浓郁的地方民族文化特色。演出获得了很大的成功。尽管还有可以改进之处，但从总体上看，应当说是一出难得的好戏。

秦音高亢，引气豪壮苍凉，像产生它的母土一样质朴浑厚，就其根本素质来讲，属于阳刚、崇高的美学范畴。用它来表现《千古一帝》这样的题材和人物，较易扬其所长、避其所短，达到内容与形式的统一。《千古一帝》的创作者们深谙此中规律，因而在艺术上配合默契，开合有致。他们共同的追求，是在舞台上创造一种恢宏、开拓、进取的磅礴气势。这种气势，既是美的，更是历史的。

"千古一帝"是明代李贽对嬴政的评价，采来作为戏名，本身就有一种苍茫的历史感。秦灭六国，完成统一大业，在当时代表了进步的潮流。嬴政，就是站在这个潮流的前面，呼啸前进的伟大人物。他雄才大略，性格暴烈，临事决断，有铁的手腕。这种气质是他能够担当历史重任的内在条件。继位的二世，昏暴乖戾，倒行逆施，遂使秦亡。汉承秦祚，历史由他们书写。因此，有关嬴政的记载和评价，也就大大地突出了消极的、否定的一面。倒是诗人李白在他的《古风》中，高歌"秦王扫六合，虎视何雄哉！挥剑决浮云，诸侯尽西来。明断自天启，大略驾群才……"这才真正写出了这位伟大君王的器度和魅力，充分评价了他的性格的肯定方面。《千古一帝》的创作者，显然受到李白诗的启示，他们塑造秦王嬴政的形象，从突出人物性格的力度着眼，造成全剧高屋建瓴的气势，是很值得注意的。

嬴政十三岁即位，九年之后加冕亲政，年仅二十二岁。剧中展开的是他亲政之初，与母后、弟弟成蟜及叛臣集团的斗争。在历史记载中，这是清除政敌、巩固权力的斗争。剧作者在不违背大的历史真实的前提下，打破这些历史事件原来的时间、空间结构，做了大幅度调动，重新加以组合，使之成为一场关系秦国命运，影响此后历史进程的有组织的内部决战。并通过必要的剪裁和虚构，把外部和内部斗争联系起来，造成外有六国大军压境，内有成蟜屯留兵变、叛臣咸阳暴乱的危急情势，强化了戏剧冲突，以便多方位、多层次地展开嬴政的性格。

据《史记》记载，大梁人尉缭曾对嬴政有过这样的评价："秦王为人，蜂准，长目，挚鸟膺，豺声，少恩而虎狼心，居约易出人下，得志亦轻食人。"这一评价，对于剧作者深化秦王性格的理解，无疑是有影响的。但他们并未拘泥于此，不仅在秦王的外貌上予以适度的美化，而且对人物的情感世界也力图加以拓展。既没有简单地把他写成暴君，也没有给他加上神化的光环，而是调动多种艺术手段，把他写成一个有着血肉之躯和复杂情感结构的人。这在戏曲舞台上还是第一次。扮演秦王的李东桥，年龄正与人物相当。他以大幅度的形体动作和充沛的感情，真实地表现了人物充满矛盾的心灵运动过程，应当说是成功的。

在戏剧冲突的推进和人物性格的运动中，《千古一帝》的编导者特别重视情感的渲染与揭示，借以强化作品的动情力。情感本有不同的色调——有高昂，有低回；有悲壮，有哀婉；有刚健，有柔媚。编导者在《千古一帝》中着力烘托的是前一类色调。为此他们调动了多种表现手段，如适当地运用秦腔原来很少有的伴唱、合唱、后台帮唱等形式，加强舞台的情感氛围，促进人物心理活动的外化。又如叛臣统兵逼宫一场，编导又借用了电影蒙太奇的手法，把两个空间组合在同一个舞台画面上，从而使秦王在危急关头时紧张的心理冲突具有视觉的可感形态。第九场，秦王统兵出关，军中谣言蜂起，锋芒直指尉缭，这时，导演又运用"以形代唱"的手法，设计出一组身段动作，用众多人物的大角度的有指向性的舞台调度，配以音乐、灯光、声响，形象地渲染强化了秦王大起大落的内心波澜的涌动。第五场，魏姬在国尉府半闲亭抚琴思乡的唱段，就局部来看，营造的是"风清、柳软、月淡"的幽婉情境，似乎与全剧刚健雄浑的基调形成过大的反差。然而，正是这一反差，造成了全剧在艺术节奏上的跌宕之致。它是两个激烈冲突之间的短暂的平静，很像"台风眼"。这个唱段虽则哀怨，仍属秦音范畴，在整体上还是与全剧协调的。可惜这段戏太长了些，对于剧情的推移及其紧张性，多少有一点影响。

全剧的末尾，是一个雕塑感极强的舞台军旅造型：秦王立于战车之上，华盖之下，雄姿英发，长剑东指；甲士挽弓执戈，军容整肃。这就为主创人员追求的气吞山河的恢宏气势添上最后的点睛一笔，与开头的兵马俑造型遥相呼应。

1985年12月

何西来　著名文艺评论家、批评家，中国社会科学院文学研究所研究员，《文学评论》原主编。

▲ 1978 年生活照

▲ 1986 年生活照

▲ 1985年11月，秦腔新编历史剧《千古一帝》参加全国戏曲观摩演出，在北京人民剧院门口与编剧之一朱学先生（左）、导演之一寇治德先生（中）合影

气魄宏伟的《千古一帝》

○ 王蕴明

陕西省戏曲研究院秦腔剧团演出的新编历史剧《千古一帝》,运用历史唯物主义的观点,对秦始皇的历史功过进行了重新评价。该剧气势磅礴,恢宏壮阔,人物形象个性鲜明。

《千古一帝》在基于史实的前提下,将大量的史料加以概括,集中和艺术地再创造,描述了统一六国之前青年秦王嬴政所领导的惊心动魄的斗争。为富国强兵,统一华夏,他以威严的权格,力图改革,猛力开拓,忍辱纳谏,辨奸用贤,释放囚奴,诛杀叛臣胞弟,贬囚母后,兵加六国。剧中围绕秦王嬴政图谋统一大业展开了两条线的斗争,一是内部与嫪毐、成蟜、庄襄后之间进行的改革与反改革的斗争,二是外部与六国之间统一与割据的战争。两条线交织进行,雄才大略、英武果断,而又凶狠寡恩的秦王嬴政的复杂性格也就在这种矛盾斗争中形成了。作为嬴政性格的陪衬,剧中同时塑造了睿智的尉缭、忠诚的黑剑、聪颖的魏姬、骄奢的成蟜、助虐的庄襄后、刁钻的嫪毐、机诈的刘代等性格各异的人物形象。这组群像在宏伟瑰丽的历史人物画廊里留下夺目的身影，呈现出一种雄浑豪放的艺术风格。

《千古一帝》集中笔墨，在显示秦王嬴政刚毅英武性格的同时，也力图表现其性格的复杂性和情感的丰富性。如他为统一大业朝思暮虑，在听到爱妃歌唱"祈明君兮扫群雄"时情不自禁地喜笑颜开。为图大业他求贤若渴，当大梁布衣尉缭进献富国强兵之策时，他欣喜异常，立封尉缭为国尉而师事之。但当尉缭佯狂索要他的爱妃魏姬时，他旋即雷霆震怒，顿生杀机，然转念思之，江山与美人孰重孰轻，便克己忍辱，割爱纳贤。当战功卓著的奴隶将军黑剑为镇压叛乱杀其胞弟、囚其母后时，他在震怒之下，亲刃黑剑，而当发现屈杀忠良时，又痛悔不已，并将这种愧悔迁怒于两个尚在襁褓之中的胞弟并虐杀之，继而贬囚母后而又跪送之。这种情感的大起大落、心思的反复无常，愈发将秦王嬴政的性格渲染得鲜明而饱满、真实而深刻。

（原载《北京晚报》1985年12月11日）

王蕴明　著名戏剧评论家，中国戏剧家协会原秘书长。

▲ 1986年，与妻子和女儿

▲ 1986年，在西安电影制片厂拍摄秦腔《千古一帝》现场与家人合影

▲ 1978年，户县剧团师生留念（前排中为启蒙教练董志杰，后排右二为李东桥）

▲ 2004年，户县剧团74级同学合影（前排左三为班主任刘加里）

一个叱咤风云、气吞山河的帝王形象

谈李东桥在《千古一帝》中所塑造的秦王

○ 张静波

去岁寒冬，秦腔《千古一帝》在北京一举打响，誉满京华。首都戏剧界的专家学者给予了高度的评价。他们认为，《千古一帝》以严肃认真的创作态度，调动一切艺术手段，大胆地塑造了秦王嬴政这个既符合历史真实又合乎观众欣赏心理的艺术形象。吴雪同志说："秦王形象的塑造是成功的，作者是用历史唯物主义观点，正确地评价了秦始皇，过去戏曲舞台上被歪曲了的秦始皇得到了新的、正确的评价。"青年演员李东桥所塑造的，正是这样一个叱咤风云的新秦王的威武形象。由于表演的成功，他一跃成为全国戏曲观摩演出主演一等奖的获得者。

李东桥二十四岁，和他所扮演的秦王几乎同庚。他十二岁时，走上了背粮学艺的道路。随着剧团走遍了户县的村镇山乡，把戏送到人民的心坎里。那弯弯的山路，磨炼了他的意志，也使他在艺术上崭露头角。他所扮演的《谢瑶环》中的袁华和《黄鹤楼》中的周瑜，都获得了观众的好评。1978年，在咸阳地区青年演员调演中，他较出色地塑造了《杀狗劝妻》中曹庄的艺术形象，荣获表演二等奖。这次他在《千古一帝》中塑造的秦王嬴政的形象，获得了意想不到的成功。从而使他在人生的道路上和艺术的追求上，跨上了新的阶梯。

《千古一帝》气吞山河，富有阳刚之美，突出了秦腔浑厚深沉、慷慨激越的艺术个性，再现了两千年前"秦王扫六合"这段惊心动魄的历史。李东桥正是在这个基点上，展示了自己特有的艺术功力，着力塑造了具有雄才大略的秦王形象。剧作家始终把秦王置于统一与反统一、改革与反改革的复杂激烈的斗争风云里。年轻的嬴政，就在这内外交织的矛盾冲突中，显示了卓越的胆识、英明的决策和统一华夏的气魄，也表现出暴戾的虐杀……李东桥紧紧抓住秦王这个舞台行动的贯穿线，开始从自我出发，走向角色，创造出典型环境里的典型人物来。

舞台形象，是在演员复杂的行动过程中塑造出来的；人物个性，是在剧情的发展变化中成长起来的。李东桥遵循这一艺术规律，再现了秦王的形象和个性。第二场"屈己纳贤"，是秦王在剧中第一次出场亮相。幕起，秦王侧身坐在富丽堂皇的祈年宫里，一边观看商君书简，一边等待着渭水决囚的回报，他在桌前思索片刻，然后慢慢地站起走向台口，考虑着统一华夏的大业。这时，演员转身目视六国地图，眼神里闪现着希望的亮光，得意的神情油然而生，他挥动左手在空中画了一个半圆，然后握拳、挥手，宫女下殿。他随即唱道：

嬴政胸怀九万里，梦寐谋涉四海一。
富国强兵苦无计，谁与寡人做辅弼！

　　李东桥这四句唱腔，简洁地勾画出此时此刻秦王的宏大气度和求贤若渴的心绪。他左手紧握剑柄，右手背在身后，昂首挺胸，极目远望……这一雕塑式的造型动作，表现了秦王叱咤风云的一代天骄的气势，令人回肠荡气，赞叹不已。当得知王翦决囚未归，秦王心中不悦，一丝烦闷掠过心头，闷坐在桌前。聪敏的魏姬，看透了嬴政荒寂空旷的心境，为求得秦王的欢心，随之翩翩起舞。初演唱秦王似听非听，当听到"祈明君兮扫群雄"时，他立即站起来走到台前，一扫心头的烦闷，得意之情在他胸中涌动，他手扶条案，身微前倾，然后搂着魏姬，放声大笑……李东桥的这段表演较为平稳、端庄，着力表现秦王作为政治家的气度。接着，回报王翦骊山未决一人，继而大梁布衣尉缭披麻戴孝上殿面君，激起了秦王心海里的层层怒潮。且看尉缭上得殿来先是大哭大笑，秦王心头就是一怒。听得尉缭又说什么："笑大王自举刀剑刎头颈，哭嬴秦自毁宗庙社稷亡！"秦王为之震怒，几欲发作而又止，眼神里隐现杀机，勃然变色，手指尉缭："你，你，你……"当尉缭说道"这愚昧无知的正是你秦王嬴政"时，秦王拍案而起，怒不可遏，欲杀尉缭于殿前，但一转念，强压住了心头怒火，让尉缭说下去。尉缭的一番陈述使秦王大梦初醒，他慢步走向前台，左手挥向天空，好似拨开了眼前层层的云雾……秦王满脸喜悦，双手捧酒躬身敬给尉缭。狂喜之余，任尉缭所求，一概应允。但秦王和在场的文臣武将万万没有料到，尉缭偏要秦王宠爱的魏姬，这实在是欺人过甚！秦王蒙此羞辱，心头震怒，一手握剑，一手颤抖地指着尉缭，在大雷锤的打击乐声中，退至殿桌前，双手抓袖，愤然转身，背向观众，其愤怒情绪在这背影戏中显露了出来。最终，秦王在"千古帝业"与"区区美人"之间，毅然舍弃了后者而期望着浩大的帝业。他欣然扶起叩头请罪的尉缭。随之伴唱起：

得卿如同鱼得水，得卿如同得社稷。
唯愿早晚听教诲，何惜区区一美色！

通过这段优美的唱腔，秦王那种求贤屈己、博大为怀的气魄，跃然台上，给观众留下了鲜明而深刻的形象。

随着剧情的层层递进，李东桥所塑造的秦王个性得到了多侧面、多层次的表现。他的开拓进取、气吞天地的精神主宰了戏剧冲突的整个进程，显示了人物果断沉勇、威武刚毅的气质。在第四场里，秦王救下了执行新法的黑剑将军，并委以副帅的重任，当母后反对这个决策时，嬴政不顾母后的呼喊，毅然拂袖而去。这虽是过场戏，却表露了秦王不为母子情所动的刚毅个性。第五场却处理得极为抒情、淡雅，整个戏是在风清、柳软、月淡中进行。这寂寞闲庭院的气氛，和全剧那种雄浑、壮美、宏伟的气势，形成巨大的反差，更烘托出了该剧凝重的气势和秦王在激烈斗争中所付出的行动。第七场是全剧的高潮，秦王至高无上的国君尊严和威势，受到了难以想象的凌辱——胞弟被杀，母后被囚。这场戏就在囚车行进的音乐声中，拉开了帷幕。嬴政见到身缚刑枷的母后，甚为震惊，高呼母后，由台后侧身急上，看到母后这般光景，大惊失色，倒退几步，双手抖动，跪在了母后的面前。这奇耻大辱，使秦王怒气难消，他时而右手甩袖，退到台侧，时而水袖打下，急奔台中，心中似有滚滚潮水在翻腾，难以自已。猛抬头看见黑剑，低声问道："下跪者是黑剑？"李东桥在这里巧妙运用了艺术的反差手法，声音虽低，却透出难以抑制的怒火。当问到杀王弟、囚太后时，秦王盛怒之下，拍案而起，拔剑向黑剑猛刺过去，黑剑躲开，秦王来了个大幅度的转身，复向黑剑头项劈去，劈开了枷锁，又一个转身，刺向黑剑胸部，然后抽剑伏案。当听到黑剑艰难地说出成蟜屯留造反时，秦王背部微微地抽动，紧接着一个转身，看到黑剑倒地而亡，又看到简书上明明刻着"讨伐嬴政，还我秦廷"的字样，气得几乎昏厥，挥剑殿前，以泄愤怒悔恨之情，然后刺向殿桌。这时，场上的音乐和行动戛然而止，停顿、静场，使精神世界的狂涛巨浪，在这无声中更似震耳欲聋。

随之，秦王那种愧悔交加的心绪，在李东桥苦音尖板的低吟悲唱中得到了集中凝练的表露。然而，一波未平一波又起，嫪毒趁机叛乱，杀向祈年宫来。秦王在悲痛中听到这个消息，先是一惊，双手水袖打下，浑身稍有颤抖，随后神情镇静下来，收住水袖，走上台阶，步履踉跄地呆坐殿前。此时，殿外杀声四起，将士出宫抵御，贪生怕死的赵高奉命待援去了，偌大的殿堂之上，只有秦王一人，他回首惊望，在幻觉之中出现了嫪毐的形象。这段戏是采用了电影蒙太奇的手法处理的，即使两个截然不同的空间出现在同一舞台之上，从表象上加强了观众的视觉实感，又较生动、真切地映现出秦王在危急时刻的心理活动。这时，秦王抽出定秦剑，指向天空，一声霹雳，他把嫪毐扔过来的白练化为烟火，鸩酒化作雷电，挥剑明志：

浩气吞山河，挥剑抉八荒。
宁可沙场死，不作儿君王！

李东桥在这段边舞边念的表演中，运用了一些秦腔花脸的舞、念程式，把秦王那种临危不惧、以天下为己任的气质较充分地表现了出来，使这个艺术形象达到了一个新的高度。在这一场剪灭国贼的激烈斗争中，秦王残忍地捕杀了两个襁褓中的婴弟，在"为帝业罪生母可对苍天"中，冷酷地把母后打入棫阳宫，并跪地强送母后起驾。这一巨大而出乎意料的变故，致使庄襄后昏厥倒地，群臣惊愕不已。李东桥这段大起大落、感情充沛的表演，揭示了秦王心灵深处极其复杂的活动过程，把人物的精神风貌尤其是杀伐决断的霸气升华到一个新的境界。

最后，通过奸人对尉缭的诬陷和刘代假冒公孙乾对秦王的游说等激烈斗争，秦王在政治上日渐成熟。他那"明断自天启，大略驾群才"的王者气度和魄力，也跃然台上，一个叱咤风云、气吞山河的帝王形象，在观众的心里，留下了难以泯灭的印记。

在艺术的道路上，李东桥虽一步跃上了几个台阶，但他深知自己功力和知识的浅薄。他说："我还很年轻，这只是一个新的起点。成绩是大家共同努力的结果。这次荣誉的获得对我是莫大的鼓励和鞭策，对一个青年演员来说，这仅仅是开始，我脚下的路还长着呢。"

路，正在他的脚下延伸……

（原载《当代戏剧》1986年第2期）

张静波　戏剧评论家，《西安晚报》文艺部原副主任。

▲ 1985年，新编秦腔历史剧《千古一帝》获全国戏曲观摩演出一等奖后，在陕西省戏曲研究院原剧场演出近百场

▲ 1986年获"梅花奖"后，陕西省文化厅、省戏曲研究院领导到车站迎接李东桥载誉归来

咀嚼苦难

说说《杜甫》这个戏

○ 陈　彦

杜甫这个人物，以其诗歌成就和影响力，戏剧画廊本应早有他的雕像。可事实上，与他同时代的诗仙李白，早已享有多种演出版本，而他却至今少人问津。我想原因根本在于，他们的性情和故事与戏剧性之间的关系。李白生性浪漫，人生故事大起大落、大开大合，稍一着笔即色彩氤氲、意趣盎然。而杜甫给我们留下的却是生活严谨、不苟言笑、终生苦吟苦叹的印象，入戏则容易因缺情趣而少可看性。我的同道党小黄偏不信这个邪，硬是用两年多时间，十一易其稿，苦吟成三万多字的剧本，给"诗圣"杜甫画了个像。剧本一出来，便在陕西和北京的各种座谈会上转圈，在两地的专家手中游走，多数时候是挨的"闷棍"比吃的"糖果"多。好在小黄从陕北黄土高原上来，有忍性韧劲，有负重感，任你万炮齐轰，我自岿然不动，批评声越强，八字步迈得越稳，好的意见吸纳，不能接受的意见也笑着说"您说得对着哩"而悄然"贪污",七磨八砺,终于把一个打磨得比较成熟的剧本送进了排练场。我在看第一次连排时,禁不住几次眼眶含泪,依我对杜甫的粗浅了解,我是被这个舞台形象深深感染并打动了。

细翻史料,发现杜甫也并不是一个活泼不足、严肃有余的人,他三十五岁前也曾生性狂放,遍游名山大川,与李白有极多相似之处。只是后来生活所迫,才逐渐变得沉稳内敛,直逼现实起来。据说他曾把后来不甚满意的"两囊"早期作品付之一炬,足见其思想、阅历与心灵世界的变化之大。小黄的《杜甫》并没有选择他太多青壮年时那种踌躇满志甚至略带浪漫色彩的生活图景,而是把诗人的命运与大唐由盛及衰特别是"安史之乱"的大背景紧密相连,让人在宏阔的历史画卷中看到了诗人艰难的生活轨迹和痛苦的心灵演进过程,从而极其自然地揭示出诗人贴近底层劳苦大众,替压迫者呐喊,最终成为"人民诗人"的合理性与必然性。杜甫是一个具有远大政治抱负的人,但他跟李白一样,又都不具备封建社会政治家所需要的复杂才能,加之他骨子里禀性淳厚,做官便常常捉襟见肘。《杜甫》一剧紧紧围绕杜甫积极入世而又惨遭败北的几个生活片段,深刻剖析了诗人悲剧命运的生成原因,同时,还让我们看到了一些脍炙人口的诗篇的孕育诞生过程,确实具有帮助当代观众解读杜甫及其部分诗作的价值和意义。戏剧家曹禺说,他写作就是"想写一首心中理想的诗"。我觉得,这个剧具有某些党小黄"心中理想的诗"的成分,他让杜甫饱经沧桑和离乱,但为国家勇于担当的情怀不变,为百姓甘于吐丝的信念不灭。全剧自始至终充盈着一股正气，引领着人直捣"安得广厦千万间，大庇天下寒士俱欢颜"的精神结穴，很是有些史诗的品格和诗剧的味道。

这个戏选择秦腔作为表现形式，尤其具有深入腠理的精神焊接作用。秦腔最适宜慷慨悲歌，而杜甫的一生恰恰历尽磨难，精神世界充满了慷慨激昂和深切叩问的元素，加之诗人又在长安生活多年，想必用秦声秦韵传情达意，是再也精准不过的"复活"方式了。国家京剧院导演李学忠先生，是活跃在我国戏曲舞台上的一位"独行侠"，他对戏曲表现手段运用之精到，使其屡有佳作呈现我国剧坛。这次对《杜甫》的倾情打造，再次显示出了不凡的艺术功力，诸多场面的铺排和营造，一改话剧加唱的某些"新戏曲模式"，让人自始至终都浸淫在"以歌舞演故事"的戏曲美学统领中。主演李东桥，曾成功塑造过秦腔《千古一帝》中的秦王嬴政形象，因此为陕西戏曲舞台捧回了第一朵戏剧"梅花奖"。这次出演杜甫，完全从一个不可一世、横扫六合的帝王，进入一个饱经忧患、忍辱负重的知识分子心灵，那种巨大性格反差的寻找，是需要深厚的艺术功底才能完成的，东桥深入研读杜甫传记和诗歌，反复体悟诗人的悲凉命运与心路历程，最终演出了一个人的苦难感，让人看到了一个表演艺术家生命质量的擢拔与提升。剧中其他演员如郁苏秦、司卫东、王战备、卫小莉、王少华、胡林焕、魏天堂等都有上好表现，总体阵容显示了陕西省戏曲研究院眉碗团的艺术实力。

一个戏终于和观众见面了，艺术家们总是怀着忐忑不安的心情等待来自方方面面的评判，尽管这个文学剧本在去年文化部举办的"全国精品剧本评选"中进入了十六强的位置，在刚刚过去的秦腔艺术节上，也取得了名列第一的好成绩，但观众的进一步鉴定与认同，仍然是这个戏未来加工提高的主要参照坐标。尤其是杜甫这个形象的塑造，不可能是一蹴而就的事，我甚至觉得是需要一个很长的磨砺过程才能逐渐完善起来的。我们期待着批评，期待着建设性意见。作为民族文化瑰宝的杜甫精神，我们有天赋的责任和义务来弘扬与彰显，让我们一同来咀嚼杜甫的苦难，一同来感知一位伟大的文学家贴近生活、贴近人民的生命律动吧！

2005 年 6 月

陈彦｜著名作家、剧作家，茅盾文学奖获得者，中国作家协会副主席、中国戏剧家协会副主席，陕西省戏曲研究院原院长。

李东桥是秦腔的骄子,他以天赋条件加勤奋努力成就了秦腔表演艺术的辉煌业绩。所塑造舞臺人物形象,個個充满秦人的血性陽剛氣質,必將在這块土地上影響深沉、傳之久遠。

贺东桥作品出版 陈彦 二二年九月

▲ 著名作家陈彦先生为李东桥题词

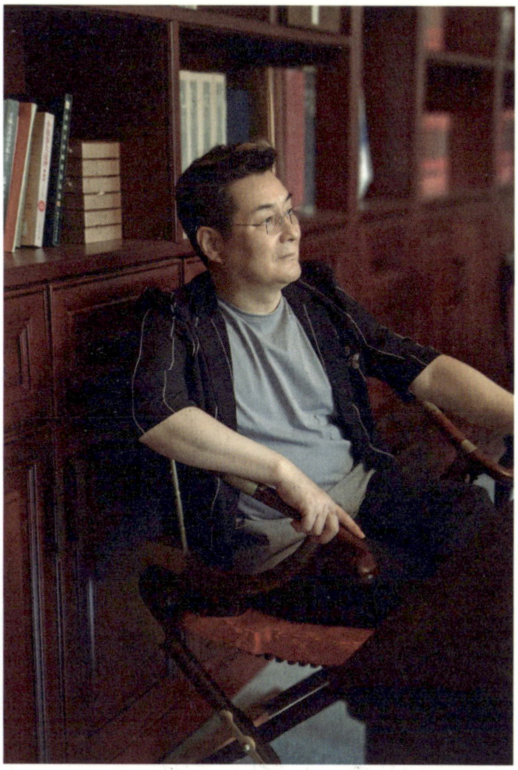

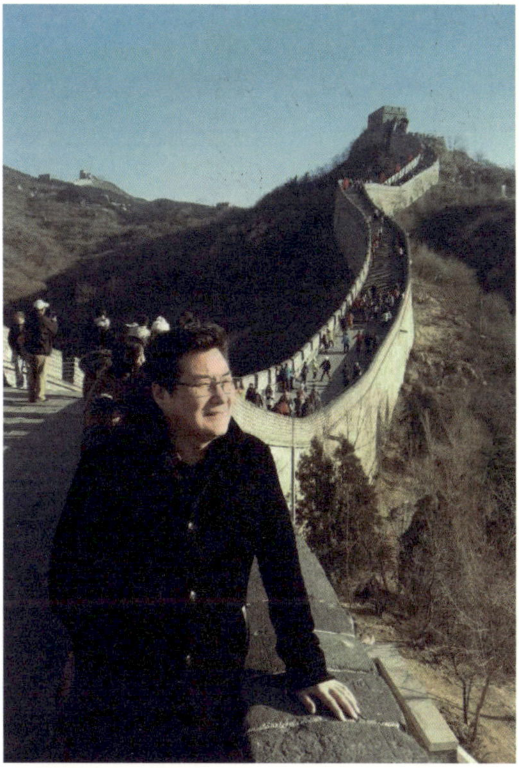

抵牾中的探寻

观新编秦腔历史剧《杜甫》

○ 郑宁莉

观秦腔剧目数众，《杜甫》是第一部以反映古代文人命运为题材的秦腔戏曲作品。由于对传统艺术中的"异端"性尝试的排斥情绪和失败预测，在好奇心促成的初次观摩中，不免心存疑虑。

全剧六场，移步换景。初观其表，似有布展览、走马灯之嫌疑。但随着六个不同场景（泰山之巅、少陵原上、渭水之滨、曲江池畔、肃杀旷野、湘水岸边）的置换与接替，剧情步步推进，人物形象逐渐明晰。主人公杜甫在经历了生活的重重磨砺与激荡后，终将一生渴求的乌纱抛入滔滔江水，踏上了为天下苍生歌与呼的道路。至此，一个怀有呼风唤雨之德才和三山五岳之气度的轻狂少年，终于成长为一位沉郁沧桑的诗坛领袖，人性光辉与精神气度得到了全面的显现和升华。

用秦腔戏曲这一传统艺术形式反映古代文人命运，不仅非为易事，实在是一种冒险性尝试，弄不好的话就会涂污了文人面孔，甚至戕害了剧种性命。具体到《杜甫》一剧，其难度表现在艺术形式与艺术题材间的多重矛盾之中。

第一，舞台艺术形式在时间和空间上的严格受限性与个人命运琐碎多变性的矛盾。要在方寸之地与片刻之间展示个人悠长多变的命运历程，若不能巧妙结构，作品难免成为对人物生活片段的截取、罗列、展览，步调平平，断章取义，令观众不知所欲云。

第二，秦腔剧种品格与古代文人性格的矛盾。秦腔作为发源于秦地的地方剧种，它与生俱来地携带了一种宽音大嗓、血气偾张、酣畅淋漓、粗犷爽朗的品格。而中国古代文人由于其栖身于士大夫阶层所具有的心理优越性和系统受教育经历所形成的强烈历史责任感以及"以文为政"所引发的悲剧式命运，造就了这个身兼时代宠儿与弃儿双重身份的特殊群体任性而懦弱、复杂而天真、多变而恒久、顽愚而大义的多重性格，这必然与象征着生命活性与率性的秦腔艺术产生抵触。

第三，戏剧冲突的构造与杜甫潦倒平生的矛盾。戏剧冲突是戏剧行动的推动力量，有冲突才有戏剧（"荒诞派"对于戏剧冲突疏离和颠覆的"反戏剧"形式另当别论）。我国元代杂剧的兴盛就不乏此因，秦腔艺术亦不例外。主人公杜甫，除了青年时期"裘马清狂"地过活了几天以外，大半生郁郁不得志，深陷于潦倒困顿的生存状态中不得抽身，其大才与壮志仅在竹笔薄墨之间得以酬展。一生唯诗篇受人瞩目外，其生命的形式悲凉有余，更无辉煌。对于这样一种琐碎波折、坎坷比肩的命运历程，在戏剧冲突的形成过程中极易陷入两种尴尬：一是冲突过剩导致观众审美疲劳；一是冲突涣散致使观众审美乏味。

秦腔毕竟是一种具有极大能量的艺术形式，勇于探索者总能使它在方丈的舞台上，创造出意蕴深长的独特内涵。面对诸多矛盾，《杜》剧在努力找寻一种合理的表现方式。

首先，《杜》剧把主人公放置于表层明晰而内在错综的社会关系中来刻画。马克思主义人学认为，"人的本质并不是单个人所固有的抽象物。在其现实性上，他是一切社会关系的总和"。《杜》剧中的主要人物大致有三，即娇娘、三友、妻小。在主人公与这三类人物关系的发展与变迁中集中地展示出杜甫的为文命运、为政命运以及个人价值三个生命维度，可以说由三类关系所牵涉出的此三个维度已经囊括了古代文人全部的生命内容和人生意义。以此，杜甫的命运历程得到全面阐释。

其次，《杜》剧选取典型事件，并挖掘其内在的相互关联性。典型事件是文学艺术塑造人物形象的基质性载体，舞台剧对典型事件的选取更为重要，只有情节推进紧凑贯通，矛盾进程环环相扣，才能始终攫取观众的注意力。杜甫的人生宛如一首沉郁顿挫的诗篇，编剧不能仅做诗篇中辉煌部分的截取与展览。实际上，事物是普遍联系的——为政的杜甫，求仕不得，却难弃文人自尊；为文的杜甫，书怀壮志，却无力作为。他不但不能大庇天下寒士，甚至不能自救于家小。《杜》剧对诸多事件之间潜在的必然关联性进行发掘并给予展示，以此反映出由一种大的时代背景和一种普遍的人生模式所预示、设计了的历史人物的必然性的命运结局。此时，剧作对历史事件、历史人物的透析已进入了哲学层面，历史剧之微言大义得以呈现，这正是历史剧作长存不衰的理由。

再次，《杜》剧以文人为文与为政的矛盾冲突推进剧情。古代文人命运，无外乎仕、隐两类，观仅有的几部文人舞台剧，从郭沫若的《屈原》到郭启宏的《李白》，真正的文人，似乎永远也处理不好为文与为政的关系，他们总是从狂热的入仕开始，到凄美的诗隐结束。析《杜》剧情节：月入梦境，诗孕雄怀；薄官初慰，幺子亡命；得遇红颜，诗心相谙；犹赋旧义，折殇新途；香消玉台，一弃乌纱……显然杜甫企图用对文艺的狂热来理解政治，这从根本上造就了他坎坷跌宕的命途和政治失败的结局。而在政治上的彻底失意，又使得为文成为他不得不继续的生存姿态。

落幕之时，一代"诗圣"坚定地立于舞台中央，身着褪色青衫，手持枯管竹笔，没有峨冠博带，没有显赫美誉，其诗性与人性却已经镌刻于山河，雕镂于人心，永不漫漶。正可谓"一代王朝随歌去，唯余文心诗胆，皓月当空"。

《杜》剧始临抵牾，却终获成功，这一现象并非偶然，它表明了传统艺术发展中进行开拓性尝试的可行性和必要性。其实，任何剧种的延续和繁荣都需要在继承与创新的双轨制道途上运作前行，历久深长的艺术内蕴，勃发灵动的艺术生机，是文化市场中的磁石，是戏曲受众的定心丸，是传统戏曲艺术跻身多元文化时代的本质魅力。观《杜》

剧后，忽而感觉到，我们的秦腔艺术，就像那黄土高坡上一代接传一代的汉子，永不停息地向人类传递着倔强遒劲的生命力量。

2006 年 2 月

郑宁莉　｜　西安交通大学人文学院文艺学硕士，现任陕西省戏曲研究院党委副书记。

▲朗诵杜甫诗歌

▲演唱中

继承传统剧目　汲取戏曲精髓

李东桥潜心学《拆书》

○戴　静

　　《拆书》是秦腔传统本戏《出棠邑》中的一折，为须生行著名硬工折戏。写春秋时代楚国大将伍员与其兄伍尚拆看家信，知父身陷囹圄，举家大祸临头，因而对平王愤恨不已的情节。剧中的伍员扎白靠掩白蟒，戴信子盔，挎宝剑，挂"黑三绺"。该戏的特点是，人物内心感情丰富、浓烈，动作粗犷、强劲，尤其是拆信、念信及看信之后的一段表演，极火爆而又极细腻，富有秦腔剧种特色。但由于它做工繁复，对演员各方面的基本功要求较高，所以这出折子戏在当今秦腔舞台上几近绝迹。近日，陕西省戏曲研究院艺术总监、第三届"梅花奖"得主、著名表演艺术家李东桥将它原汁原味地搬上了舞台，并富有深意地选择台湾作为该戏的首演地，得到了宝岛观众的高度赞誉。

　　众所周知，戏曲集中华文化之大成，是我国传统文化中遗存最丰富、最具民族品格的艺术形式之一。秦腔传统剧目中所讲述的传奇故事、英才猛将，不仅寄托着历代三秦百姓的情感和价值取向，也反映出这方水土独特的风俗民情。经过历代戏曲从业者的加工，很多戏已成经典，具有很高的艺术价值和欣赏价值，《拆书》即是其中之一。因为这个戏难度极大，过去经常把它作为检验须生演员技、艺的标尺，想要在剧团挂头牌的演员，拿不下《拆书》便是莫大的耻辱。清末时期的秦腔名演员李云亭（麻子红）就因为饰演伍员而红透西北，后李又传授给刘毓中、左省民，其他秦腔名须生和家彦、雒秉华、张秉民、刘化鹏等也都相继演出，几代名家一脉相承的精彩演绎，使这折须生演员的看家戏，在秦腔戏迷中留下了美好而深刻的记忆。

作为当代秦腔艺术家、陕西地方戏曲的代表人物之一，李东桥一直以来都怀有强烈的责任感。他认为，在演艺界普遍存在浮躁、急功近利、缺乏担当意识的当下，"继承传统"一词常常流于表面，流于口号，而踏踏实实、一板一眼地承袭传统精髓，往往看不到立竿见影的实效，是吃力不讨好的事情。他决定从"我"做起，从老戏中汲取精华，夯实基础，在秦腔经典的传承方面发挥自己的引领作用。李东桥的想法得到了院长陈彦的肯定，在院里的鼓励和安排下，虎年春节刚过，李东桥便专程两赴咸阳，拜访秦腔名家刘毓中的亲传弟子——退休老艺人薛德发，恳请薛先生莅临西安，传授折子戏《拆书》。

梆子戏的生行有须生、小生和武生之分。须生多表现正直刚毅的正面人物，向称"全挂把式"，为梆子戏的首要行当，以唱、打、念、做皆能而著称，在戏班中举足轻重。因戴三绺或五绺髯口，故称须生或胡子生。李东桥在他的成名作《千古一帝》中扮演的秦王，是以硬派小生应工，潇洒俊朗的扮相，挺拔矫健的身姿，高亢激越的唱腔，准确细腻的表演，使他成为誉满三秦的小生。近年来，随着年龄递进、体态变化，更重要的是性情的日趋稳健、心境的日渐深沉，他对须生行当产生了浓厚的兴趣，塑造新编秦腔历史剧《杜甫》中的主人公形象，就是他由小生到须生拓宽自己戏路的一次成功尝试。学习、承袭折子戏《拆书》，则是他转行须生后给自己设置的一次大考，为此，他默默地下了很大的苦功。薛德发老先生来西安两次，每次为李东桥教授一个星期，然后便是他自己无休止地反复揣摩练习。那些天里，李东桥整个人都沉浸在伍员的心灵世界里，沉浸在传统戏曲的氛围中，直练到把所有的技巧都烂熟于心，可以在舞台上挥洒自如的地步。

李东桥潜心学《拆书》，初衷很单纯，只为继承传统剧目。而这出戏在台湾演出效果之好，却是他始料未及的事情。演出时，院青年团赴台演出的所有演员都站在侧幕观看，为他的精彩表演而折服。台上台下齐鸣的掌声，充分证明了中华传统文化精髓的艺术魅力。

2010 年 4 月

▲与著名作家陈彦先生（中）、本书主编戴静女士（右）合影

催人泪下　振人眉宇　爽人胸怀

评大型秦腔现代剧《西京故事》

○ 孙豹隐

　　巍巍西京，煌煌西京，嘈嘈西京，有一座麇聚着几十个农民工的寻常院落，小小院落，天天飞扬着饱含社会百态、豁透个性色彩的喧闹歌哭之音。声起声落间，一个当过民办教师、执掌过一村之印的乡村汉子罗天福，为了更好地支撑起先后考上西京城里的重点大学的一双儿女完成学业，携妻抱梦住进了这个大杂院。他们以烙打"千层饼"的人籁之音，融入了院落的大合唱。只是罗天福那独具韵致的咏叹调迸放出来的思想火花、道德情操、行动作为，为这嘈嘈切切、错错杂杂的合声咏唱注入了新的积极向上的音符。斗转星移，随着生命谱写出的几十个故事流贯舞台、生动演绎，大合唱的气势节拍日益气血充盈、高亢雄浑……显然，这是一个平凡得不能再平凡的故事，这是一群普通得不能再普通的人物。可就是这群普通人物的平凡故事，却在当今的戏曲舞台上驰骋奔突、绽放光彩，看得观众耳热心荡、情激意摇，收获了催人泪下、振人眉宇、爽人胸怀的惊人艺术效果。这便是横空出世的大型秦腔现代剧《西京故事》。

对视《西京故事》，我们首先感到，这不愧是一部贴近实际、贴近生活、贴近群众的时代之作。数以亿计的农民工涌进城来做什么、怎么做？他们的创业寻梦之举又会遇到何等的挑战与困境？城市怎样看待、接纳他们，社会如何关爱、尊重他们？他们自己又是如何在寻梦之旅、创业之中逐渐提升了文化素质和精神境界？这是我们整个社会的一个非常大的现实问题。都市生活犹若万花筒，在都市中游弋拼搏的农民工那斑驳陆离的生活流，同样是吸引人们眼球的奇葩异卉。这种鲜蹦活跳的生存现实、生活色调，是大千世界不可或缺的。今日社会，缺少了他们，整个生活大潮将顿失滔滔，变得索然寡味。而满足当今群众在审美娱乐方面的需要与诉求，时刻贴近群众的所思所想、喜怒哀乐，应当是艺术家心中的一种崇高情结。作为原本同群众拥抱紧密的戏曲艺术，如何去真正做到为群众服务，为人民大众创作出喜闻乐见的时代作品，是时代的呼唤，是群众的期盼。《西京故事》讲述的这个故事，是艺术家以敏锐的洞察力和自觉的责任担当，潜心于农民工天地的实际，想群众之所想，思群众之所思，目不旁骛，殚精竭虑，在火热丰赡的生活之中淘宝、淬炼，开掘出一片为群众所稔熟、令群众而歌哭、具有典型环境意义的生活秀，塑造出罗天福那样一系列充满生活气息、洋溢个性审美的典型人物。广大观众就活跃于这样的生活实际之中；广大观众理所当然会同艺术家息息相通，与艺术家携手一道去经历、演绎那属于自己的《西京故事》；广大观众情不自禁要引发点爆心底的审美冲动，和舞台上的人物、情境合唱共鸣。《西京故事》贴近了实际，贴近了生活，贴近了群众。反过来，生活回赠了《西京故事》，广大观众回敬了《西京故事》，社会影响也回应了创作精美艺术的艺术家。

　　对视《西京故事》，我们又切实感受到这是一台编得好、导得好、演得好的深沉精彩之好戏。曹禺先生曾经说过，"偶见一则新闻，触起灵感，便欣然下笔，此种作品，必浮泛不实"。著名编剧陈彦当然不缺灵感，而他在三年前就开始了《西京故事》的创作准备，直到对所要表现的农民工生活烂熟于心，觉得自己所要展示的人物将要呼之欲出，方才研墨调色、诉诸笔端。他对笔下的人物和生活有着独到而深刻的理解，同时十分注重对现实生活和人物情态的深层开掘，并且善于以戏曲美学理念统摄艺术创新，以戏曲特有的审美形式来编织故事、设置冲突、营造情境、塑造人物。尤其值得称道的是，剧作家的笔端凝结着对人的关怀、对人命运的洗礼、对人心灵的慰藉，豁透出一种对特定环境情态下个体生命价值与个人命运沉浮的关爱、尊重和敬畏之情怀。罗天福他们的理想与信念、奋斗与挫折、欢乐与忧愁，"不管日子过得顺当还是恓惶，这一股气力从来就没有塌过腔"。于是，催人泪下、振人眉宇、爽人胸怀的《西京故事》呼啸而出。罗天福、罗甲成、罗甲秀等，一个个栩栩如生的人物朝着我们大步走来。《西京故事》文本是现实主义的力作，执导该剧的查明哲是被誉为"零零后现实主义"

的代表人物。创作理念的默契，使得编导的合作呈现出珠联璧合的最佳状态。我们知道，舞台艺术的恒久魅力，不仅在于叙事层面的动人和物质层面的炫目，更在于灌注了现代意识思想观念内核的释放和张扬。查导纵横捭阖，在文本提示的基础上，着力展示人物内心世界和性格逻辑，精心勾勒舞台戏剧情境，强调在典型环境中表现人物心理活动，在人物真实的情感世界、纷杂的命运遭际、多样的性格对撞中，赋予了西京故事的讲述者以凝重与浪漫、震撼与温情、传统吟唱与现代戏剧元素交融勾连的音符。进而运用"温暖的现实主义"之力量，借助强烈的戏剧性之魅力，于普通百姓平凡的人生况味中唱响了人再生活得不易，也有生命的权利，也应该有尊严地活着的人文精神之歌；喷薄出对青春生命、对摆脱苦难的殷切希望，对人类追求真善美顽强意志和坚定信念的礼赞与颂扬。剧中，罗天福父子冲突、艰难寻子一场，当是艺术家人文情怀的集中抒发。舞台上，情境流动，人物咏唱酣畅淋漓、直击人心。舞台下，观众相和、荡气回肠，边擦眼泪边拍巴掌。浓炽的戏剧效果油然而生，自然流淌。

　　戏曲是角色的艺术，李东桥成功饰演罗天福，为《西京故事》征服观众立下了汗马功劳。罗天福归属农民工的范畴，但他又不是一个单纯意义上的农民工。他曾是一位优秀的民办教师，还当过握有一定权力的一村之长。他拥有追梦幸福的理想，更具备中华民族优良的传统道德。他是那样的宽厚善良，又是那般的坚毅刚强。他的细胞里跳跃着赤诚的因子，他的血液中流贯着永恒的守望。他是一个伟大的父亲，更堪称一个民族的脊梁。可以说，一个顶天立地男人性格中该有的情愫，无不体现在他的身上。毋庸置疑，汇聚在这个人物性格方面的复杂性、多重性、深厚性，是相当难把握的。作为表演艺术家的李东桥，深知要演好演活这个人物的不易。他调动起自己全部的艺术积累，不仅仅是用汗水，而且是用心血甚至是生命去塑造这个人物。终于，他同罗天福交叠融会到了一起。一个真实、充盈、丰满的罗天福跃然舞台。罗天福的特立独行、动作轨迹，一切都显得那么自然贴切、可圈可点、惊艳妙绝。而其大段唱段，或高亢洪亮、韵味醇厚，或苍凉奇崛、声情并茂，或黄钟大吕、奔放激越，更是穿越时空、悦人耳际、动人心弦。人们有理由说，李东桥为红艳艳的现代戏艺术画廊又增添了一个亮丽的艺术典型。

对视《西京故事》，放眼舞台上那棵千年老树与树的守望者，我们不禁思绪升腾、浮想联翩。《西京故事》是一台催人泪下、振人眉宇、爽人胸怀的优秀之作，还可以看作是对社会实际生活的一种历史记录。其贡献不仅在于自身为观众奉献出了一台心连心的好戏，而且形象地展示出当前戏曲现代戏整体创作的一方实绩和美好前景。当下戏剧创作一个不容回避的话题是，面对戏剧市场的不景气，搞好戏难，搞好的现代戏难上加难。然而，只要我们一以贯之地把贴近实际、贴近生活、贴近群众当作现代戏创作的逻辑原点，将对人的尊重、对人性的开掘、对人文精神的高扬作为创作观念核心价值追求的最高境界，始终坚持对优秀传统文化和民族戏曲的守望，保持一种"不管日子过得顺当还是恓惶，这一股气力从来就没塌过腔"的奋进精神，我们就一定能够支撑起现代戏创作的峥嵘大厦，创作出更多的，更加璀璨绚丽、异彩纷飞、为人民大众喜闻乐见的优秀现代戏来。

这是《西京故事》戏外传递出的信息，应当也是一种颇有价值的启迪。

（原载《商洛学院学报》2011年第5期）

梅韵文华玉兰竞芳品清人和德艺双馨

致李东桥先生

原兴 陈忠实

甲午夏月

▲著名作家陈忠实先生为李东桥题字

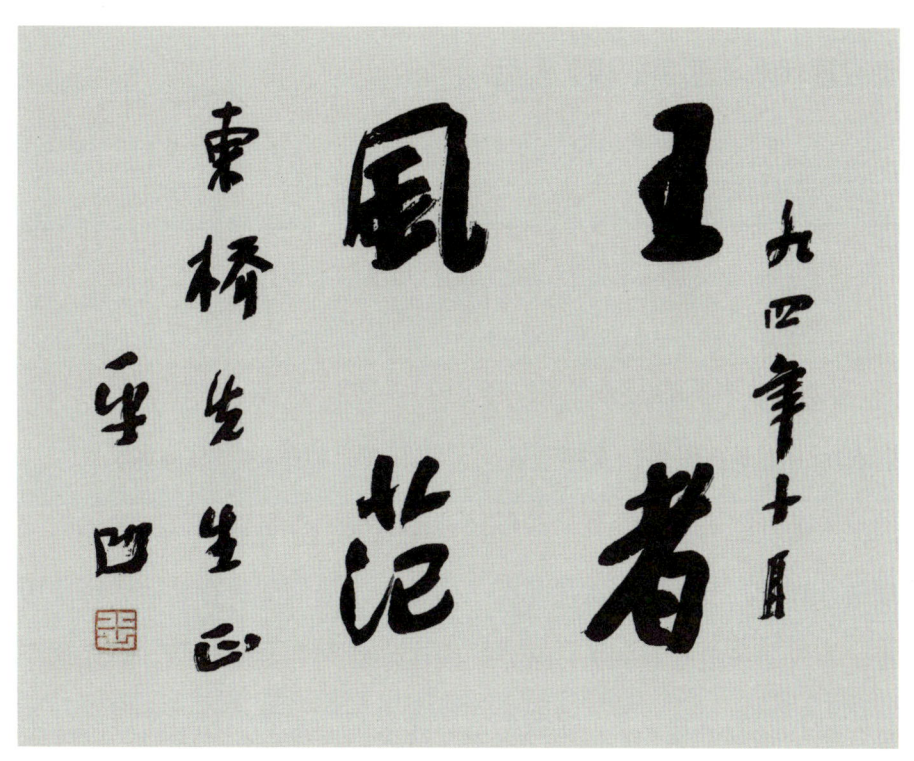

▲ 著名作家贾平凹先生为李东桥题字

罗天福拨动了最敏感的一根神经

秦腔现代戏《西京故事》观后

○ 晓 雷

《西京故事》的大幕缓缓拉开，一片低矮、灰暗、拥挤的民房与一群农民工出现在眼前，立刻就触动了我们最为敏感的一根神经。

改革开放进行到今天，数以亿计的农民工带着他们改变命运的梦想进入城市，开始了一次陌生的生命跋涉。他们的生存状态、奋斗历程，不仅是各级政府的关注焦点，也牵动着全社会的神经。因为这个群体是我们的父老乡亲，是我们的衣食父母，是我们赖以生存的这个社会最为强大的支撑力量。他们的现状如何，前途和命运如何，不仅决定着他们自身的生命质量，也标示着我们整个社会的发展状态和内在品质。因而，与此有关的故事和人物，在我们的秦腔戏剧舞台上及时而新鲜地出现，就不能不让我们为之怦然心动；而故事所展示出的困窘的生存状态、艰难的拼争历程，也就自然地一次又一次叩击我们敏感的神经。

应该说,《西京故事》演绎的是一个非常单纯但绝非单调的故事,它包含了太多的内容,赋予了太多的意蕴,提出了太多的问题,引起了太多的联想。最突出的问题是:什么是尊严?什么是幸福?这是当前社会议论最多的热点,也是我们每个人内心深处感受最深切的激荡。因为我们有太多的屈辱记忆,有太多的因为偏见和陈腐观念使尊严受到伤害的记忆。这是生命体本身最敏感的一根神经,触碰它,自然会在心底掀起波澜。罗天福一家人就是因为这样的疼痛,让感情一次次遭遇撕裂,让心灵一次次蒙受撞击,与此同时又撕裂和撞击着我们,让我们随着剧中人物的痛苦而痛苦、悲伤而悲伤,一次又一次地泪流不止。但这个戏更为深刻的是,它揭示了罗天福更为深层的意志和持守。贫穷和尊严没有必然的联系,贫穷不等于低贱,富裕也并不一定就有尊严。只要诚实地劳动,只要不懈地奋斗,只要宽厚地待人,只要无私地奉献,不仅能改变贫穷和低微,其本身就是高贵,就是尊严。罗天福兼具这种千百年来传承的民族品格和人类精神,不仅展示着高贵与尊严,而且熏陶和救赎着迷茫的、陷入误区的人,他那言传身教的崇高与博大,感天动地,撼人心魄,更一次次让我们潸潸泪落,心潮澎湃。因此,罗天福的故事同时拨动了我们对崇高、对美好感知而向往的那一根敏感的神经,每一次拨动,都是一次灵魂的净化、品格的提升。

改革开放的大业,是从农村开始的,是亿万农民谱写了第一部华丽乐章;改革开放的发展,召唤亿万农民工进城,他们以自己勤劳的双手参与了城市新生活的缔造。罗天福是这支队伍中的一位普通而又卓越的代表。《西京故事》为罗天福立传，也是为农民工立传，从而更是为我们的民族立传。一株饱经沧桑的唐槐立在我们中间，象征着中华民族胸怀天下、自强不息精神薪火传承，象征着中国人民创造事业的千古永续，也象征着我们伟大时代踔厉奋发的永恒追求。古老的唐槐让我们想起了韩愈笔下那个泥瓦匠王承福，"贱且劳者"，"色若自得"，"圬之为技"，"各致其新"；也让我们想起了柳宗元笔下那个种树卖果子的郭橐驼，"顺木之天，以致其性"，"养树而得养人术"。《西京故事》里的罗天福就是与唐朝那些土圣人一脉相承的卓越子孙，他用打烧饼的双手，打出了自己的一片新天地，也打出了一整套生存的真理和生活的哲学，这个生活在社会最底层的普通劳动者，向世人展示了精神领域最耀眼、最夺目的灿烂与美丽。不只在秦腔舞台上，就是整体戏剧画廊里，这都是一个独具风采和个性的人物形象。《西京故事》成功创造了这样一个人物，就获得了非凡的成功与成就。

我特别认同李东桥是一个"用生命演戏的艺术家"的说法。在第二届中国诗歌节上，话剧《李白》、越剧《陆游》与秦腔《杜甫》同时演出，李东桥扮演的杜甫受到高度赞誉。著名诗人郑愁予不仅激赏李东桥的表演，而且被感染得对秦腔剧种都连连称好。这次领衔主演《西京故事》，李东桥一以贯之地全身心投入，完全融入了罗天福这个人物，一举手一投足，一笑一颦，都是罗天福本人。他对人物的每句话语、每个举动，对故事的每个细节，都能找到最准确有力的表达，即如那个反复出现的下意识的打烧饼的习惯性动作，那段挑着烧饼担子的戏剧化舞蹈，都已经化入了剧情之中，化入了人物之中，让观众忘了是在看表演，而是沉浸其中、无法自拔，设身处地关注人物命运的发展。至于他那生活化而艺术化的道白，那时而激越时而温婉的咏唱，总能把此时此刻的喜怒哀乐传达得淋漓尽致。关键处，他会让我们情不自禁地撕心裂肺、痛彻心肝。李东桥对罗天福这个人物的艺术再造，是对《西京故事》的一个贡献。

《西京故事》里的主要人物都有着性格的多种侧面，都有着命运的起起伏伏。演员的表演都很投入，运用了多种表演手段，包括紧密结合剧情的戏剧舞蹈，比如罗甲成与恋人手捧设计图的双人舞、富家子弟金锁向罗甲秀示爱的单人独舞，特别是后者那段板凳舞蹈，动作与道具、情绪与人物，十分契合，十分精彩。正缘于这样的演出群体众星捧月式地与李东桥严丝合缝，配合默契，更使得《西京故事》演绎得那么扣人心弦。

《西京故事》的情节单纯而曲折，起伏而有致，自然天成而又极富张力，引人入胜而又让人感慨万端。故事充分展示了人与人之间性格、思想的冲突与碰撞，人自身精神与灵魂的撕裂与挣扎，其深刻与激烈简直就是人与人的战争、人与自己的战争，这个剧本的思想成就和艺术成就，把作者陈彦推向了新的高度。陈彦的创作历程是与生活同步的，又有着特别的延伸和渗透。综合起来，他笔下的人生百味、世态炎凉成为新中国成立以来特别是改革开放以来社会发展进程和人的精神历程的忠实记录，他所写的事是我们经历过或者感知到的事，他所写的人是我们深切感知的人，这些人的命运与我们息息相关，这些人的遭际让我们感同身受，我们痛苦着他们的痛苦，我们期盼着他们的期盼，我们敏感的神经与他们紧紧连在一起，因而就不能不被时时拨动。陈彦深谙此道，他的成功就是这种血肉联系的成功。

我总认为，陈彦是一位既有才情又有担当的艺术家，十分难得，因为他那最为敏感的一根艺术神经，总是与时代紧紧相连，与生活紧紧相连，与人民大众紧紧相连。基于此，他取得了巨大成功，仅从《迟开的玫瑰》开始，继之《大树西迁》，他就两次攀登了艺术的高峰。这一次，他与李东桥在《西京故事》里所激溅的思想与艺术火花、所弥漫的诗意与哲思氤氲，将会又一次实现艺术的新跨越，掀起又一次成功的浪潮。作为一个戏迷，我那一根敏感的秦腔神经，自然地又一次被他们有力地拨动。

（原载《商洛学院学报》2011年第5期）

晓雷　作家、编审，陕西省作家协会原副主席。

▲《西京故事》演出谢幕

▲《西京故事》演出结束后和大学生交流

李东桥的新突破

○ 苏丽萍

　　李东桥是陕西省戏曲研究院著名的秦腔表演艺术家，第三届中国戏剧"梅花奖"得主，曾在《千古一帝》《蔡伦》《杜甫》等新编历史剧中扮演帝王、"诗圣"等气概非凡的人物，扮相潇洒倜傥，演唱高亢清亮，是西北地区秦腔的代表性人物，拥有众多戏迷"粉丝"。2011年他在秦腔现代戏《西京故事》中扮演了一位进城打工供孩子上大学的老父亲形象，而且刻画得深刻到位，这一演技上的大突破赢得了专家和观众的一致称道。

　　《西京故事》讲述了曾当过村长、民办教师的罗天福，在儿女双双考进名牌大学后，也进城打工。但在无情的社会现实生活中屡遭挫折，房东的鄙视猜疑刺激着他，城市的喧嚣嘈杂挤压着他，儿子人生价值观迷失导致的厌学逃跑，更让他感到气恼绝望。但他强顶压力，即使日子再艰难也坚持不卖祖传的紫薇树换钱。两年后，女儿自办公司，儿子也学业有成，全家人都走出了曾经的阴霾，实现了"西京梦"。李东桥扮演的罗天福与他以往饰演的角色反差很大，但他演得极为自然、顺畅，细细品味，便可看出他对角色的理解和塑造是下了一番功夫的。罗天福虽是农民，却当过民办教师、村长，属于知识分子型的一类农民，这就决定了人物的双重性，一方面带着山里人的纯真坚毅，一方面又具备良好的文化形态。李东桥牢牢抓住了这一命题，且行进得错落分明，一身农民着装，一副重担在肩，本色而本真的农民形象被他描摹在舞台上，贴切又亲切，成为罗天福生活之举的特写。

动作上，李东桥把节奏感掌握得很准确。比如擀千层饼的手势，一摆一绞一收，极有生活气息；再比如面对儿子叛逆时的表情，有愁苦，有无奈，有深深的悔恨，通过担子在地面上的左立、右撑和双手执担，显示了罗天福的不安、挣扎和坚定。这种朴素的表达手段，正是打动观众的要素。

唱腔上，李东桥浑厚的声音特色依旧鲜明，他对音质的控制是根据罗天福的情绪之变而变化，是一种以静带动的唱腔条序，低音区深沉，有着生活的平静与起伏的相交；中音区厚实，有着现实的直白与发展的相融。李东桥用丰厚的艺术语言和肢体动作，成功地塑造了一位真实、真诚、真心的农民罗天福，让观者动容。应当说，这是李东桥的新突破，也体现了他深厚的艺术功力。谈到这一角色的塑造，李东桥动情地说："每场我都忍不住哭三次，为了表现罗天福三次断裂三次接拢的脊梁，我每天腰椎弯曲，以至于每每抬肘都感觉手臂战栗指尖发麻。我沉浸在罗天福的精神世界里无力自拔，曾经有朋友好心劝我戏不能这么演，这样太伤自己，其实我知道，可是让我以旁观者的心态冷静地去塑造罗天福，我真的做不到。"

《西京故事》一年间演出了一百五十场，在西安和北京两地的高校引起了极大的轰动，引起了学子们的强烈共鸣，李东桥也成了大学生心目中的忠厚长者。李东桥说，他有一次和妻子去路边的草地里挖野菜，结果被一个路过的大学生发现了，那个学生刚刚看过《西京故事》，还特别停下自行车，认真地叮嘱李东桥，不要吃路边的野菜，小心中毒。这让李东桥感喟不已。他说："作为演员，创造人物形象能得到社会各界的认可和专家的肯定，更重要的是能在戏曲舞台上留下自己的印痕，这是一件多么幸福的事情！"

（原载《光明日报》2012年3月31日第9版）

千古一帝创乾坤，

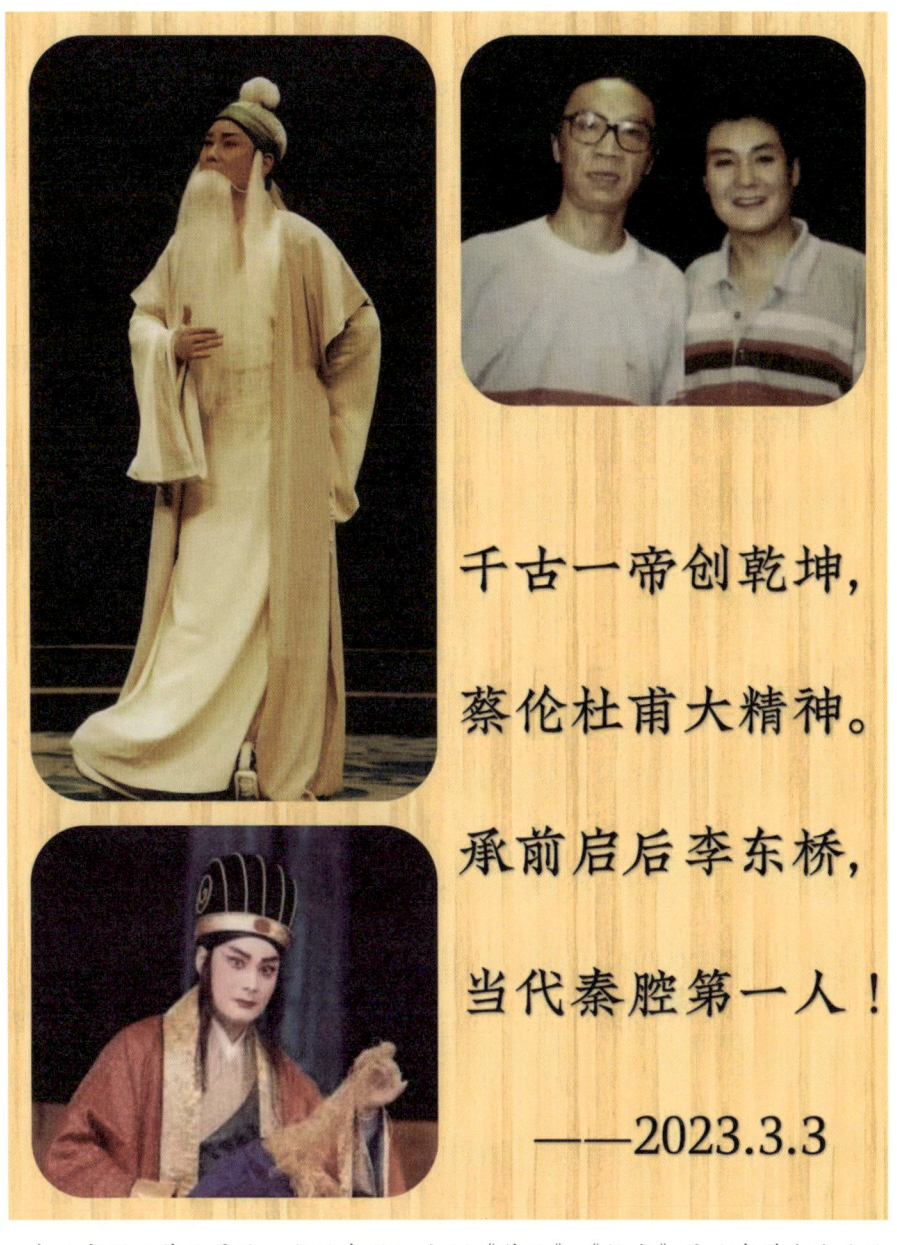

蔡伦杜甫大精神。

承前启后李东桥，

当代秦腔第一人！

——2023.3.3

▲中国京剧院著名导演、新编秦腔历史剧《蔡伦》《杜甫》导演李学忠先生为李东桥题诗并合影（图片系李导亲自设计制作）

文化部组织观看《西京故事》后召开的专题研讨会发言摘要

(2012年4月2日根据录音整理,有删节)

董伟(文化部艺术司司长):

这个戏演出之所以能获得这么大的成功,我觉得主要有三个特点:

第一,就是关注现实生活,编、导、演,不仅包括李东桥主演,还包括每一个群众演员,大家都在用心创作。剧中人物的生活都能引起台下观众或多或少的体验,能在观众当中引起普遍的共鸣。我们现在的舞台太缺少这样关注现实、关注民生、关注人本身的作品了。

第二,这个戏之所以得到观众这么热烈的掌声,是因为它弘扬了传统美德,反映了人民的心声和呼声。

第三,可喜可贺的是,这个戏选了一个非常适合的导演。查明哲导演是一位非常严肃的导演,在艺术上的追求一丝不苟;是一位非常敬业的导演,对传统、对艺术有一种敬畏之感;他还是一位非常有激情的导演,他导的戏,大家都能感受到一种气场,他用他的激情点燃整个剧组的演员，然后呈现一个综合性的整体的效果。这个戏的精益求精已经具备了前提，编剧和导演的不谋而合，再加上以李东桥为首的表演团队，令整部戏满台生辉。李东桥确实不简单，他以前演的戏我也看过，但是这次的挑战更大、难度更大，怎么把这个现实中的人演得有血有肉、有情有感，又能引起观众的共鸣，李东桥处理得非常到位，他是在用心演这个角色。用心演，说起来容易做起来难，现在表演行业很多都不是在用心，而是在炫耀自己的形象、技巧，却忘了一个根本——戏是以情动人的。还有演西门金锁的那位演员，四十多岁了，出演一个十八岁的年轻人，演得活灵活现。戏中的每一位演员，包括演农民工兄弟的、翻跟头的，都很出彩，都非常好。我觉得戏曲研究院有一个气场，整个剧组都有精气神，大家有一种劲，这种劲特别难得，不仅源于艺术上的追求，也包括戏的思想性的追求，即对底层大众的关切。

《西京故事》是又一部具备精品潜力的作品，是我所看到的最优秀的现实题材作品之一，而且这部作品更贴近现实，更能引起共鸣。陈彦的"三部曲"已形成了他自己的艺术创作风格，剧作的人文追求、价值取向都值得总结。这部戏可以进一步打磨，甚至成为现代戏新的程式。戏是演出来的，希望这个戏不断演，演下去，经受市场检验，成为戏曲研究院的一部保留剧目，成为秦腔发展里程碑式的一部剧目，成为中国戏曲史上一部能够留得下来的精品剧目。

王蕴明（中国剧协分党组原副书记、秘书长）：

昨天看了这个戏后很感动。作家从当代深刻的生活中直面现实，既有对现实深刻细致的观察，又能有担当、清醒地来表现它，没有回避矛盾，表达了作者的立场、作者的判断、作者的理想。这个戏展现了当前社会中方方面面的人的一种生命状态、一种价值取向、一种人生状况、一种理想追求、一种行为方式，这个戏的厚重、深刻就在于此。戏表现出来的并不是剑拔弩张，但坐下来仔细思考，却是很犀利的，这是这部戏不同凡响的地方。它将一个直面现实的犀利的、深刻的当前社会现实，升华为一种价值追求、一种道德评价，有纵向的历史深度，有广阔的社会层面，体现出作家严谨的现实的创作方法。导演也很成功，是查导的又一力作。这个戏排起来难度是相当大的，要在一种散漫的生活状态中体现一种庄严、一种厚重，导演做到了。

除导演外，整个的二度舞台呈现，充满了浓郁的地域色彩，弘扬了秦腔剧种的艺术风格，又在传统秦腔上有所出新，这是整个戏在艺术风格上的把握与定位，编、导、演、音、舞、美等都体现了浓郁的地域色彩、强烈的秦腔特色。演员是很出色的，东桥的表演又使我眼睛一亮、耳目一新。我看过他的《千古一帝》《杜甫》，这次的现代戏又演得这么好，对人物的体现，是我没见过的。其他演员也都各有各的光彩，表现得也很到位。

综合来讲，目前这台戏在当前我所看到的戏曲舞台上是难得的优秀现代戏，绝对是上乘之作。

吕育忠（剧作家、文化部艺术司戏剧处处长）：

一切艺术创作活动，都需要高度的职业道德，即一种社会的良知。艺术家搞创作，一方面不能误导观众，另一方面也要对得起人格的尊严。拿《西京故事》来说，艺术家对艺术的责任，在编剧陈彦、导演查明哲、主演李东桥身上，在这个戏的戏里戏外都得到了充分的体现。该剧的主创人员都怀着深厚的人文关爱，以非常虔敬的心态去创作演出这个戏。几位本真、本色的艺术家，碰撞产生出纯真、纯粹的艺术境界，赋予作品更加深刻、有分量的表达，最终成为激动人心的亮点。这个戏的思想是多义性的，可以从很多方面来解读，在当下非常有启迪教育意义。整部戏并没有用口号式的语言喊出来，却在无形之中通过人物思想的变化、戏剧情节的推移，让人感受到里面蕴含的非常深刻的哲理。

王勇（文化部艺术司戏剧处副处长）：

看完戏我有三个感受：敏锐的生活感受力，充沛的艺术激情，深刻的人文关怀。后来我觉得用"真诚的人文关怀"表达更准确。

第一，对生活的敏锐的捕捉能力。该戏表现了农民工的问题，但又不仅仅是农民工的问题。第二，充沛的艺术激情。查导是个非常有艺术激情的导演，我曾经说过查导是一座火山，火山喷发之后，还会绵延很长时间。陈彦也是很有激情的作家。秦腔本身也是充满激情的。加上东桥的演唱，是个很好的组合。第三，看到作家对农民工深深的爱与怜悯。

徐培成（文化部艺术司）：

这个戏非常好，感人、动人、震撼、深刻。剧作家陈彦的社会责任感极强，是农民的好儿子，读书人的知己。地方戏曲现代戏如何融合当今话剧、影视的体验，我认为查导处理得非常融洽。他为地方戏曲现代戏提供了一个大胆、成功的尝试。既有戏曲表演的程式，又非戏曲化；既有话剧、影视开掘人物内心情感的表现和体验，又能够让观众看得清楚，尤其是舞台上此处无声胜有声的表演。这是查导的独创。这出戏在选材、导演、演员，以及整体呈现上，我个人认为是近几年看过的最优秀的戏曲现代戏。

编者注：以上领导、专家的职务均以当时会议召开的身份标注。全书同此。

▲ 2012年，在北京参加由文化部举办的《西京故事》研讨会

中国戏剧家协会组织观看《西京故事》后召开的专家座谈会发言摘要

(2011年3月9日根据录音整理,有删节)

季国平(中国戏剧家协会分党组书记、驻会副主席):

看了很过瘾,很鼓劲。《西京故事》非常精彩,非常感人,体现了坎坷中的辉煌、高亢中的悲凉,这个戏刚立在舞台上就呈现出这样一个效果,非常可喜可贺。陈彦的"三部曲"已经形成了剧作家一个基本的艺术风格,但《西京故事》比陈彦之前的作品的时代感更强、更尖锐、更现实,绝不仅仅是一般性的农民工的话题,而是触动了当下最敏感的话题。这个戏的舞台呈现很精彩、很巧妙,有眼前一亮的感觉,真是让人激动不已。

康式昭(文化部政策法规司原司长、著名文艺评论家):

又看到了一台好戏,从《迟开的玫瑰》到《大树西迁》到《西京故事》,是剧作家陈彦的"西京三部曲",《西京故事》绝不亚于前两部的成就。这个戏关注了农民进城这样一个潮流,带给了我们太多的思考，剧作家本着高度的社会责任感、政治敏锐性，在很多年前就开始关注这个问题，现在拿出来正是适时之作，有非常强烈的现实意义。每个演员演的都各有特色，非常形象、准确到位。

赓续华（《中国戏剧》主编）：

咱们陕西省戏曲研究院又抱了个大金娃娃！看这个戏时观众那么兴奋，结束后那么多人拥到台前去，让我特别有感触。说明我们如果真能写出一点老百姓的心声，百姓是特别喜欢的。我对这个剧的感受有三点。第一，给力。全场洋溢着秦腔主题的生发之力和昂然向上的力量，让我们知道虽然生活是艰难的，但我们应该挺直腰板坚持。第二，精彩。这部戏体现了秦腔之美，审美意味浓郁。第三，深刻。陈彦的作品中从《迟开的玫瑰》到《大树西迁》再到《西京故事》是不断发展的。他能够敏锐地捕捉到当下社会非常深刻的问题，例如讲到生存与尊严、农民工进城工作中的寻梦、人们生活中的艰辛，等等。整出戏迸发着一种由内而外的激情，感染力特别强。主演李东桥的表演真是棒极了，不愧是陕西最早的"梅花奖"得主，从《千古一帝》中的一代霸主皇帝到《西京故事》中的一个平凡小人物，他都刻画得栩栩如生，令人过目不忘。

崔伟（中国戏剧家协会研究室主任）：

《西京故事》从一家两代人这个点辐射开来，全景展现艺术家对生活的一种思考、对人性的一种把握、对现代生活走向的一种复杂的体味。在戏曲、话剧的创作历史上，这个戏是一个开创，也是具有独特价值的一种艺术实践。戏中所塑造的人物形象极具震撼力，李东桥扮演的父亲给我的震撼是他身上体现的那种淳朴的美和原始的心理的健康。而儿子对生活的理想，以及自尊背后的自卑，则是现代人心灵的通病，也是我们目前在戏剧作品中鲜有涉及的，从没有关注到这么深刻、这么具体、这么具象的一个人物形象，这正是这个戏具有深远艺术价值和存留价值的一个基础。我相信，它一定有很好的前景，取得更多的荣誉。

邢德辉（文化部艺术司巡视员、东方歌舞团原总编导）：

在当下整天谈论文艺娱乐化的时代，今天我能够看到这样一出震撼人心的现实主义作品，我自己感到一种安慰。这是一部非常强烈、非常震撼的现实主义作品，是时代精神的赞歌。它的音乐具有非常浓郁的秦风秦韵，发挥了秦腔本身特有的表现力，体现了秦腔回归本体的时代感。

姚欣（文化部艺术司原副司长、中国现代戏研究会会长）：

《西京故事》是一部现实主义的力作，沿袭了陈彦一贯的艺术风格。这部戏提出的问题很深刻，内容很丰厚。父亲身上体现出来的踏踏实实、勤劳致富的精神品格等，令人深为感动乃至折服。这是一部难得的现实主义精品力作。

来自上海的声音：上海专家谈《西京故事》

（2011年11月18日根据录音整理，有删节）

陈达明（上海"白玉兰戏剧奖"办公室副主任，国家一级编剧）：《西京故事》是这次艺术节我所看到的最精彩的戏。陈彦是写戏的高手，连同他以前的几部戏，都给上海戏剧界、上海观众留下了非常深刻的印象。导演查明哲、主演李东桥等，这个团队强强联合，给了我们非常过瘾的观剧感受。演员虽然演的是现代戏，但没有脱离戏曲、秦腔应具备的本土元素，把现代生活和戏曲化表现手段融合得非常好。《西京故事》告诉了我们，戏曲现代戏应该怎样演、怎样才能演得精彩，让我们在感受新时代生活气息的同时，还欣赏到非常精湛的戏曲本体的技艺。

毛时安（上海市政协常委、科教文卫体委员会副主任，戏剧评论家）：《西京故事》在上海演出时剧场观众的反应，已足以证明它的艺术力量。我认为,这是近几十年来中国现实主义题材戏剧最重要、最成功的收获,是现实主义的杰作!从编剧、导演、表演各个方面来说,都是我看过的现实题材当中,让我最受震撼、最受教育、最受感动的戏——我看过的戏已经几千部了。

陈彦有良知,有勇气,有艺术智慧,对题材有取舍,虽然把生活表象直接地、坦诚地呈现在我们面前,但在苦难与冷峻当中始终有一种温暖的、催人奋进的东西在流动。主人公罗天福不是没有人间烟火气息的英雄模范,他有压抑,有爆发,有痛苦,有绝望,很真实,体现了几千年中国文化最优良传统的深厚积淀,是民族精神的象征,非常精准、精细、精到。这个戏是陈彦"三部曲"的一个新高峰,也是李东桥表演艺术的一个新高峰。

吴兆芬(上海越剧院一级编剧):

作为一个编剧、同行,看这个戏的真实感受,真的是非常感动、震撼。看《西京故事》,我感动得三次掉泪——让我们这种经常看戏的"老手"能够真正地动情、动心,真是太难了,不能不说编剧真是高手里的高手。整个戏色彩很丰富,生、旦、净、末、丑都有表现,而且每个人都有自己很精准的性格的脉络,导演、舞美、音乐都很过瘾,糅合成一团,体现了作品品质的优秀、精神的力量。

沈鸿鑫（上海市艺术研究所研究员、戏剧评论家）：

《西京故事》非常好，是在我们当前所看众多戏中最好的一部，既深刻地反映了社会矛盾，又充分展示了秦腔的魅力。这个戏感情非常浓烈，感人肺腑、催人泪下。剧中几段荡气回肠的唱段都是在冲突激烈的时候迸发出来的，表达方式跟秦腔剧种结合、交融得非常好，内容与形式互为表里。我们虽然都是南方人，但是现在都很喜欢秦腔，我已经成为秦腔的一个爱好者，觉得那种豪放、苍凉太过瘾了。希望你们能多来上海演出。

邹平（上海文艺创作中心原副主任、上海戏剧学院教授）：

第一，作者很好地处理了职务身份和艺术家身份这两个身份的统一。很多现代戏在创作过程中都存在因这种身份矛盾而影响艺术效果的问题，这个戏几乎没有。

第二，"三位一体"的融合和张力。这个戏编、导、演都很见功力，融合很好。剧本达到了一定深度，二度创作又把其中的思想很好地提炼了出来，导演给它加分，演员给它加分，极有张力，整体感非常强。

第三，这个戏既是现实主义力作，又有浪漫主义、理想主义色彩，唐槐的象征意义与民族生生不息的精神相呼应。艺术手法既有现代因素，又有完全戏曲化的表现形式，可以说是探索和创新的结晶。

端木复（上海《解放日报》资深记者、戏剧评论家）：

《西京故事》让每个人心灵都受到撞击，受到感动。它成功地在剧场里产生轰动、在社会上产生影响，源自什么？很多专家从理论上做了分析，举了大量的细节、唱词等例子，在编导演、作曲、舞美等方面进行了深入探讨，我都同意。我还想说的是，它成功是因为真实、感人，感人的力量完全来自真实，来自作者那一颗真诚的心。这个戏坚持了真实是戏剧的生命，没有刻意地拔高任何人。陈彦有智慧，他通过一个家庭的故事来写农民工，不光是纯写实的，而是有象征意味的，用戏曲化的手法，幽默风趣、举重若轻地展现其他农民工的梦想。剧中独具匠心地用中国戏曲传统的龙套展现了农民工的形象，但又不是普通的龙套，而是有性格、可圈可点的，这就高于一般的戏曲。陕西省戏曲研究院是一面旗帜，是我们学习的榜样。上海的创作力量是不错的，但我们几年来没有这样对生活有深刻体察的大作。陕西不仅送来一台好戏，也送来很好的经验，对我们是一种鞭策，给我们带来思考。

戴平（上海戏剧学院教授）：

昨天我从剧场出来以后，还听到戏里那首民谣被观众不断地吟唱，整个路上都有人在唱，这个情况在上海从来没出现过。感谢陕西给我们上海带来《西京故事》这么好的戏。这个戏不是用一般的赞美词句可以描述的，它被评价为新时期名列前茅的作品，当之无愧。作品深刻挖掘了人性，每个人物都很鲜活、真实、立体，将人性中美好的东西挖掘出来了。人物虽然性格各异，但是组合在这台戏里，就能集中看到人性中美的、闪光的东西。这个戏的编、导、演、舞、美、乐，全面叫好。其主题民谣粗粝、沙哑，把中华民族的精神贯穿了起来，也把西北地区的精神传承了下来，越听越好听。《西京故事》是全剧组、研究院共同努力的成果，应作为新时期创作的高峰来看待。

翁思再（华东师范大学研究员、剧作家）：

这部戏太精彩了，是一出难得的充满现实主义情怀的好戏，让我们很振奋！今天上海的编剧差不多都来看了，说实话我们出不来这么好的本子，要向陕西学习。《西京故事》这样的现代戏，写出了老百姓的生活、老百姓的所思所想，正是因为作者有这样的人文情怀。秦腔是很古老的剧种，这个戏旧中出新，新而有根，与剧种结合得很好，洋溢着西北黄土高原朴实、壮烈的风骨！

何占豪（著名音乐家、小提琴协奏曲《梁祝》创作者之一）：

这个戏的故事很让人感动，主题歌是硬汉的气质，很激越，很苍凉，反映了西部人民无论遇到什么困难、艰难都不屈不挠的精神。男主角，还有他的女儿、儿子等，都演得很好，唱得很好。整个音乐唱腔很有气魄，保持了西部的风格，把不同角色、不同感情展现得很充分。戏曲表达现代题材能达到这样的高水准，很不容易！

余雍和（上海沪剧院原艺术总监、国家一级编剧）：

《西京故事》赢得了那么多赞扬，我觉得主创人员当之无愧，陕西省戏曲研究院全体人员都当之无愧。这个剧院有深厚的传统，在戏曲现代戏上做出了杰出的贡献。全国编演现代戏成绩斐然的八面"红旗"中，这面"红旗"在戏曲化上最为鲜艳。李东桥是用心在演，非常好，让人喜出望外，配角也个个都好。这台戏值得我们学习，值得我们致敬。

刘觉（越剧表演艺术家、国家一级演员）：

我看戏从头至尾，不时地掉下眼泪，实在抑制不住自己感动的心情。这种在转型中问世的作品，是很有时代意义的。《西京故事》是一部里程碑式的作品，是戏曲工作者在艰难的探索之路中飞出来的令人震撼的火凤凰。罗天福的扮演者李东桥演非常了不起，唱演俱佳，唱腔收放自如，嗓音穿透云霄，完全表现出了秦腔剧种和戏里的苍凉感，是原汁原味的戏曲唱腔。他的表演有相当的劲道，心中流出的真实感情深深打动了观众，体现出了秦腔领军人物的雄厚实力。所有演员演的角色都非常成功，舞蹈的运用也相当出色。

胡晓军（上海市文联理论研究室主任、《上海戏剧》主编）：

祝贺秦腔现代戏《西京故事》在沪演出成功，并祝贺其连同《迟开的玫瑰》《大树西迁》在内的"三部曲"完成，这是一种全方位、多角度、立体化、系统性的现代创作，体现了剧作家等主创人员"艺术观照现实""戏剧引发思考"的思维和行为，是强力的文化自觉。

全剧警句不少，朴素而耐人寻味。创作上有几个特点：一是沉重感和幽默感巧妙结合，既有撕心裂肺的宣泄，又有幽默通透的乐观情绪，符合张弛之度和戏曲之道；二是写意和写实的结合，符合戏曲和新编现代戏的创作规律；三是草根气息和现代都市气息的结合；四是现实与象征的结合，紫薇树象征意义丰富，代表了恩情、信义等，而主人公虽然卑微却高洁的心气，是对其秉持传统道德、营筑心灵家园的回归。

《西京故事》无论是题材、主题还是艺术，都达到了当代新编现代戏少有的高度。

胡勖（上海越剧院原艺术总监、国家一级导演）：

看《西京故事》这个戏我很兴奋，两次看都泪流满面。我认为戏曲研究院是戏不感人誓不休，他们追求每一个细节要做到极致，否则绝不拿出来排演，这是一个真正的艺术家团体对其创作的作品最基本也是最难得的品质。这部戏的每个演员的表演都很到位，每个人物的个性都很鲜明、出彩，他们的这种一丝不苟的创作态度以及塑造角色的能力都是非常难得并且值得各地剧团学习的。我希望《西京故事》能达到一个时代的高峰，在戏曲舞台上留下一个深刻的烙印。

陆军（上海戏剧学院戏文系主任，教授、博导）：

近年来，我在各种场合一直焦灼地呼唤戏剧舞台上的"国家形象"的诞生，《西京故事》终于让我眼前一亮。一方面，这部作品所体现的内容与形式上的思想力、想象力和创造力，以及作品所展示的民族的观念、情感和审美的深度，已具备"国家形象"的品质。另一方面，剧中李东桥饰演的罗天福这个人物形象，吸纳象征中华民族精气神的"千年古树"的不竭灵气，传承中华传统文化的精神密码，他坚韧、乐观、勤朴、自强的品格，更是让人们真切感受到舞台上"国家形象"的思想穿透力与艺术震撼力。可以毫不夸张地说，这是一部中国戏曲现代戏史上不可多得的里程碑式的作品，它直面人生、书写当代、勇于担当，带给我们的不仅仅是审美的愉悦、思想的启迪，更是在现代戏创作上具有鲜活的示范意义。

陕西省委宣传部组织召开的《西京故事》专题研讨会发言摘要

(2011年3月31日根据录音整理，有删节)

陈忠实（中国作家协会副主席、著名作家）：

陈彦的《西京故事》是我十多年来先后看的他的第五部戏。作为《西京故事》较早的一个观众，我看了后确实感慨甚多，当时在舞台上给演员说几句话，还激动得语无伦次。对于这部戏，可说的话题很多，我说三点：

第一，《西京故事》给我最直接的感觉是与我们的生活完全同步的，看舞台上那些人物戏剧化的生活，你就会在一瞬间有些恍惚，好像就是我们西安街头的生活。生活矛盾、生活世相都在这个戏里得到了典型的生活化的——或者说既是生活化的又是艺术化了的——舞台表演。看戏过程的直感，就是逼近而又逼真，似乎我也在这一群农民工、市民的生活氛围里出入过。有两点很难得：一是陈彦对当代生活的敏感非常难得。对不断发展、出现的生活矛盾，他能很快凝结成一个艺术形象，而且能得到观众的认可，连我这个老观众都感动得泪流不止。二是进入20世纪80年代以来，当代戏剧界和整个文化界一样，世界上各种流派各种现代派戏剧表演形式都流入我国，陈彦依然能坚持现实主义创作，他创作的四部现代戏，不仅用的是我们最本真的现实主义，而且，让人看到现实主义未必落后，未必不合时宜。从《留下真情》到《迟开的玫瑰》、从《大树西迁》到《西京故事》，我一次又一次地被感动。他不仅承继了现实主义戏剧的传统，而且焕发了活力和魅力，这是这位剧作家对现实主义创作一个很好的贡献。这四部都是当代生活，也都是与生活同步发展的。

第二，陈彦通过《西京故事》又塑造了一个农民形象。这个农民确实打动了包括我在内的无以计数的观众。一个真实的传统的又现代的人，他有传统美德，从现代道德上来看，他也是一个完美的形象。罗天福置身于社会矛盾之中，社会矛盾影响到他的家庭，引起了家庭矛盾，比如两个孩子截然不同。罗天福在受到生存信仰几乎发生重大挫伤之时，显现出了一个中国传统农民的美德。我们能接触的文学作品，多是描写农民身上残存的卑琐的、落后的东西，而《西京故事》里的这个农民，进城打烧饼供孩子上学，保持着我们民族最基本也是最美好的道德情感，尤其是集中在他家的矛盾，带有很大的普遍性。两个孩子进城后，面对社会的种种诱惑，包括恋爱、婚姻、家庭、物质欲望的描写，说明现代社会的矛盾已经冲击到最基本的社会细胞，冲击到最底层的打工者家庭中。这个矛盾的代表性不是个别的偶发现象，而是普遍性的矛盾，甚至不局限在农民家庭。就我所意识到的，城市家庭不仅工薪阶层，还有知识分子家庭，也面临着罗天福这种两代人之间的矛盾，社会各阶层的人都会因这部戏产生心灵的呼应。

第三，陈彦一直将目光投向底层社会，当然还有知识分子家庭，深入这些精神大美的探寻，都涉及城乡普遍百姓共同的追求，把戏剧艺术的背景放在当代生活的种种矛盾中展开，坚守人性和人格的大美，成为这部戏塑造人物最主要的支点，取得了巨大成功，不是一般的成功，这个经验值得总结。陈彦创作的这种取向、姿态、自觉，是否称得上"陈彦现象"，值得好好研究。

贾平凹（陕西省作家协会主席、著名作家）：

我看过陈彦写的几部大戏，这部《西京故事》最为感人。这部戏给人的思考比较多，但突出的有两点，一个是如何对待我们的民族精神，再一个是如何对待底层百姓。陈彦的情感倾向是非常明确的，这就是作家的良知，良知不泯，一切希望就不会破灭。《西京故事》提出了"富二代"和"贫二代"的问题，这是这个戏提出的尖锐问题，让我想起古人的两句话，一句是"自古将相出寒门"，另一句是"棍棒底下出孝子"。现实社会问题远比这两句古语复杂。这个戏写出了这种复杂性，所以就有了看头。戏里的几个年轻人都写得比较饱满，没有戏曲过去那种单一化、类型化、扁平化的东西。总之，这个戏思考的问题很多，有农民工问题、城市问题、教育问题、文化根基问题，等等，能看到陈彦在创作上下了很大的功夫。李东桥演的那个打烧饼的农民工一家人，辛辛苦苦供养两个孩子，仅仅是要他们活得跟城里人一样吗？如果他们有钱了，会不会也像房东一家人那样？这是一个严重的问题，关系着一个民族的精神质量，能看出来陈彦十分忧虑。

这个戏编得好，导得好，演得也好，这是陕西文艺创作上的一个重要收获。有如此思想深度和艺术高度的作品应该珍惜，创作者应该受到尊重。

肖云儒（陕西省文联副主席、文艺评论家）：

我感觉陈彦的"三部曲"从内容上来讲，一是执着地写底层，二是执着地写民众的道德光彩，三是写大爱。与前两部相比，《西京故事》又有不同的地方。《迟开的玫瑰》是写担当，写感情和道德的担当，大姐把担子扛起来，这是中华民族传统美德之一。《大树西迁》是写理想与奉献，由"事业西迁"到"精神西迁"再到"感情西迁"。《西京故事》深了一个层次，它不仅是我们看到的写农民工进城，这只是一个历史现象，它实际写的是农民工进城之后的人格建构问题，这才是这个戏最深层的东西。罗天福以自强自立的精神，在生存中重建了自己的人格尊严。所以，我认为，这个戏是写尊严的！它告诉我们，农民工进城最需要的不是接济——当然物质赞助也需要——但更重要的是给他们以尊严、以认同，城市要接纳他们，给他们和市民一样同等的待遇。罗天福为失去尊严而苦恼，儿子罗甲成因虚荣心而自卑、自私，是有道理的。这就是我对这个戏的理解。由于抓住了这样的意蕴，所以它直奔心灵、打开心灵，把历史变迁转化为人格建构。

王小康（陕西省文化厅原副厅长、剧作家）：

我觉得陈彦是属于主流价值观的宣传者。在多元艺术情况下坚持主流价值观，是陈彦创作剧本的主要特点。《西京故事》里的罗天福，不是一个英模人物，但是从他这种普通人的身上所挖掘出来的最真实、最本真的优秀品质，同时也是社会主义核心价值观的体现，比如罗天福的诚实劳动、孟冰倩和乔雪梅的无私担当，都是体现了中华民族的脊梁。在艺术创作多元多样的当下，陈彦坚持的这种价值观很可贵，这也是他开始时讲的担当的问题，作家、艺术家、剧作家的社会责任感，这一点是看这部戏以后给人最突出的感觉。

畅广元（陕西师范大学文学院教授、评论家）：

我谈两个观点。第一点，从陈彦的《迟开的玫瑰》《大树西迁》和《西京故事》来看，我感觉到，或者我已经意识到，在我国戏曲舞台上，出现了一种值得我们研究思想史的专家来思考的问题，那就是深深植根于民族文化的一次再启蒙。改革开放以后，我们实行了市场经济，人的认识自我、实现自我的意识随着市场经济的完善在文化上体现得越来越突出，但是正像今天看到的我们面临的精神危机一样，这种没有扎根在民族文化传统上的、简单搬用西方文化的、以张扬个性为价值取向的所谓启蒙遇到了危机。其实《西京故事》讲述的这个家庭矛盾，父子之间、姐弟之间的矛盾，恰恰就是这种危机的暴露。仅仅追求这种个性解放，而忽视一种更具有人文精神价值追求的传统的历史的东西，这就是很危险的。这个戏所揭示的价值矛盾正是这个问题的核心所在。

刚才陈彦说了一句非常感人的话，他说他的戏剧创作是一种建设性的戏剧创作。陈彦从《迟开的玫瑰》《大树西迁》到《西京故事》，揭示的从来就不是英雄人物，而是普通人，普通人身上延续了几千年中国文化的传统美德，把"五四"以来的这种启蒙和几千年文化积淀下来的这种美德结合起来，就走出了我们中国的现代化道路，走出了我们中国人自身的现代性特色。从这个角度来看，陈彦的几部戏都很有意义，因此我不同意仅仅从剧本涉及的大学生、农民工题材这个层面来谈。而更应该宏观、宏阔地看，看我们的文化从"五四"以来走到现在处在一种什么状态，看当前我们国人的精神品格里到底缺失了什么。理论上我们并不缺少西方文化的那些东西，我们少的是对民族真正的文化精神的理解，也就是儒家所说的，由"文见之治"到"德性之治"。所以，我确实感到这部戏是一次再启蒙，是植根于我们民族文化传统之上的再启蒙，要让我们已经觉醒了的、有了自我价值追求的年轻一代认识到，人的生命价值应该去向何处，这是这出戏的核心价值。

第二点，陕西省戏曲研究院了不起。首先，他们有自觉的文化担当意识，很不简单。文化担当不是空话，是要有东西来支撑的，体现在戏曲研究院，就是把艺术生命化，把艺术生命化了才能自觉地承担这种文化担当。通过观看陈彦的剧本，我感到戏曲是他的安身立命之地，是他生命元气充沛的标志。

我那天看完戏后，激动得不得了。李东桥不是在用技艺唱戏，而是在用情感、生命唱戏，他对人物、对角色有一种深切的生命体验。他在舞台上的一招一式、一举手一投足，能让人感觉到他对角色的那种深刻领悟和揣摩，非常真实、非常到位。一位艺术家如果把艺术生命化了，他对文化的担当便成为一种自觉。现在我们的文学艺术界少的就是这种把艺术生命化了的担当意识。戏曲研究院之所以有如此强大的凝聚力，能够组织好一支实力非凡的艺术创作队伍，与其高度的文化自觉和强烈的使命意识密不可分，他们的经验很值得我们从事文学艺术工作的人思考与学习。

李星（中国小说学会副会长、著名文艺评论家）：

20世纪五六十年代，陕西省戏曲研究院在社会上影响最大的戏是《梁秋燕》，时隔五六十年以后，《西京故事》将成为继《梁秋燕》之后走近广大普通观众的一个里程碑式的艺术成果。

第一，贴近底层、贴近民众，聚焦现实热点的、大众关注的问题，如农民工问题、生存问题、教育问题、"农二代""富二代"问题、道德问题、住房问题、大学生就业问题，等等。同步地进入这部作品中，当然有的是以一种符号化的形式存在的，但都大量地融入了这部作品的戏剧冲突之中。这部作品能这样热切地、同步地与现实贴近，对于秦腔这样一种古老的戏曲剧种来说，做到这一点很不容易。

第二，这个戏所写的几个人物很生动。戏剧效果、观众反应是陈彦还有查导演、李东桥可能都没想到的。写最平凡、最伟大的父亲形象，是《西京故事》最站得住的、最有生命力的、最能唤醒人内心激情的一个戏。

第三，虽然这个戏写了现实的生活，但是可以超越现实，在精神上超越，借用康德的话，人最畏惧两件事，一是仰望浩瀚的星空，二是面对自己内心的道德力量。这实际传达的就是人的敬畏之心，畏惧天谴，畏惧自己良心的谴责。这部作品中写出了人性，不光是牺牲、奉献、理解、尊严，还有痛苦、矛盾。这个戏写人性，写出了人的神性，人的精神性、超越性，人的一些很高贵的东西，并通过导演和演员达到了更高的艺术性。

陕西地方戏曲皮影、秦腔一直熏陶着我的艺术创作，培养了我最基础的艺术细胞。我对李东桥佩服得不得了，我看他演的《千古一帝》，还有《杜甫》，这次看这个戏，觉得李东桥演得不瘟不火，恰到好处，让我很亲近，他实在是一位了不起的艺术家。

▲ 2014年6月，由陕西省文化厅、省剧协联合主办，陕西省戏曲研究院承办的"李东桥表演艺术研讨会"系列活动在西安举行

▲陈忠实、肖云儒先生等观看《西京故事》后上台与演员握手并表示祝贺

▲贾平凹先生观看《西京故事》后上台与演员握手并表示祝贺

三

媒体聚焦

秦腔剧团在京都公演
六百年的传统吸引了观众

（《京都新闻》1992年6月7日）

  中国陕西省秦腔团6日晚在京都左京区冈崎的京都会馆举行演出，向观众展现了中国四大传统戏剧之一——秦腔的精彩演技。

  此次是为了纪念中日邦交正常化二十周年与京都府和陕西省结为友好城市十周年而进行的首次访日演出。剧目为《千古一帝》，该剧描写了中国第一个皇帝秦始皇的年轻岁月。演出时间为两个半小时。

  秦腔曲调高昂，有表现人间喜怒哀乐的"喷火"和表现内心活动的翎子功等精彩、珍贵的演技。两千余观众看得津津有味，为精彩演出所吸引。

▲ 1992年，赴日本交流演出联欢会

▲ 1992年，赴日本演出秦腔
《千古一帝》宣传海报

李东桥荣获"陕西省先进工作者"称号

  2007年4月29日,陕西省五年一次的劳模表彰大会在西安隆重召开。七百名荣获"陕西省劳动模范""先进工作者"和"先进集体"称号的个人及集体代表参加会议并接受表彰。陕西省戏曲研究院艺术总监、"梅花奖"获得者李东桥作为全省文化系统代表获此殊荣。

  接受表彰的陕西省劳动模范、先进工作者和先进集体,是近五年来在全省经济、政治、文化和社会建设各条战线涌现出来的优秀代表,李东桥是全省文化系统获此殊荣的唯一一人。

▲ 2007年，被评为"陕西省先进工作者"

《西京故事》荣登2010—2011年度国家舞台艺术精品工程精品剧目榜首

由陕西省戏曲研究院创演的大型秦腔现代戏《西京故事》，在全国"2010—2011年度国家舞台艺术精品工程"四十二部初选剧目的激烈角逐中拔得头筹，荣登2010—2011年度国家舞台艺术精品工程精品剧目榜首。这是陕西戏曲继《迟开的玫瑰》和《大树西迁》之后，第三次问鼎该项大奖。它标志着陕西戏曲已经进入中国戏剧的先头行列，同时也创造了被誉为"西京三部曲"的三部剧目三登金榜且两次夺魁的传奇。

2011年3月，由陈彦编剧、查明哲执导、李东桥领衔主演的《西京故事》亮相舞台，在不到两年的时间里公演二百五十多场。除热演西安外，还三次奉调进京献礼演出，并赴上海、重庆等地参加各类国家级重大文化活动，还被教育部选定为"2012年高雅艺术进校园"活动剧目，在北京、广东、湖南、湖北、天津的十几所高校巡演，送戏下乡到陕西汉中、杨凌、商洛，山西芮城等市县，观众达百余万人。数十位省部级以上领导人、全国百余位文化界专家学者、近百所高校的师生走进剧场观看演出，均给予高度评价，认为该剧"为人民立传，为时代立言"，是一部现实主义题材的杰作，堪称新时期戏剧的里程碑。自上演至今，该剧相继荣获第十二届中国戏剧节"优秀剧目奖"、第十三届上海国际艺术节大奖、中宣部精神文明建设"五个一工程"优秀作品奖。主演李东桥因在剧中的卓越表现而荣登第22届上海"白玉兰主角奖"榜首。

在问世后短短的两年里，《西京故事》以深邃的内涵、深刻的思考、强大的力量、耀眼的艺术光彩，为陕西秦腔赢得了一个又一个国家级大奖，为陕西文化的繁荣发展做出了突出的贡献。

▲ 2012年，赴德国进行文化艺术交流演出

▲ 2017年，赴欧洲多国进行文化艺术交流演出，在法国巴黎卢浮宫广场留影

《西京故事》获"文华奖"
主演李东桥荣获"文华表演奖"

2013年10月26日下午，第十四届"文华奖"颁奖仪式在山东省青岛市青岛大剧院举行。陕西省戏曲研究院、西安交大戏剧学院创作演出的大型秦腔现代戏《西京故事》再传捷报，一举荣获"文华大奖"并全面开花，摘得全部单项奖。这是自"文华奖"设立以来，2000年省戏曲研究院青年团的眉户现代戏《迟开的玫瑰》获得"文华奖"十三年后，我省戏曲作品第二次登上"文华奖"的领奖台。

"文华奖"是我国政府主办的国家级舞台艺术政府奖，设立于1991年，迄今为止已经评选了十三届。从2004年第七届中国艺术节起，文化部将"文华奖"评选与中国艺术节两奖合一。创办二十六年来，中国艺术节推出了一大批精品力作和优秀人才，成为展示中国道路、中国精神、中国力量的艺术盛会，为推动社会主义文化大发展大繁荣、满足人民日益增长的精神文化需求做出了贡献。

此次第十届中国艺术节上，有八十七台剧目参评第十四届"文华奖"的各个奖项，这些剧目均为三年来全国数百台创作演出剧目中的佼佼者，它们经过层层选拔才得以登上这个全国最高平台，进行激烈角逐。其中，包括《西京故事》在内的十四台剧目摘得文华大奖，《西京故事》主演李东桥等二十一名演员荣获"文华表演奖"，陈彦获"文华剧作奖"，查明哲、贺琳、张平获"文华导演奖"……多次采访报道过《西京故事》的《中国文化报》记者焦雯激动地说："《西京故事》将所有奖项全部囊括，这是所有剧目中独一无二的，也是当之无愧的！真的很值得庆贺，我目睹了一件伟大的剧作的诞生。"

问世仅短短两年多，演出已多达三百余场的《西京故事》，荣获文华大奖，即意味着已经包揽了全部国家级戏剧类重大赛事的大奖。此前，该剧先后荣获中宣部第十二届精神文明建设"五个一工程"优秀作品奖、第十二届中国戏剧节"中国戏剧奖·优秀剧目奖"、第十三届上海国际艺术节"艺术节大奖"、中国戏曲现代戏突出贡献奖，并荣登2010—2011年度国家舞台艺术精品工程精品剧目榜首。

16日、17日两天，位于济南市区的梨园大剧院迎来了史上第一次秦腔演出。开演前，几百份剧目说明书几分钟内被一抢而空，场内场外热闹非凡。很多观众早已听闻《西京故事》大名，到场一睹芳容；很多来自全国各地的文艺界同行也亲临剧场观摩，其中不乏挑剔的目光。而《西京故事》剧组全体演职人员，对赢得政府文华大奖无不怀有热切期待和憧憬。他们清楚，要取得优异成绩，必须在每个环节、每个细节上都毫不懈怠，在艺术上一丝不苟，精益求精，尽可能完美地展现精品剧目的水平。为了这个大目标，做好每件小事情，是全剧组的共识。

演出中，一幕幕极富感染力的剧情感动了沉稳的山东观众，充满生命张力的表演震撼了挑剔的演艺界同行，无论是专家学者还是普通观众，都在剧中找到了似曾相识的生活和情感，很多人看戏时热泪横流，看完后全场起立，长时间鼓掌叫好，久久不愿散去。浓墨重彩地在秦腔舞台上为小人物立传，展示普通劳动者人性光辉的《西京故事》，在齐鲁大地上又一次赢得了众多的知音。

两场演出完成后，《西京故事》剧组直接赴吉林长春，继续教育部"2013年高雅艺术进校园"活动的行程，走进吉林大学、长春工业大学、吉林艺术学院、吉林建筑大学城建学院等四所高校巡演。东北的黑土地上，即将唱响慷慨激越的大秦腔！

▲获"文华表演奖"后与妻子合影

《西京故事》获"白玉兰奖"
主演李东桥荣登"主角奖"榜首

秦腔演员李东桥昨走上"白玉兰论坛"

（《文汇报》2012年4月16日）

金丝眼镜，修身西装，走下舞台的知名秦腔演员李东桥着实和《西京故事》里那位浑身散发着土味的打饼老汉有着巨大差异。作为第22届上海"白玉兰戏剧奖"的入围演员之一，他昨受邀来到"白玉兰论坛"。有一句话代表了李东桥演戏的追求和感受："戏一定要说老百姓的事，演员要和老百姓贴得很近很近！"

在决定出演《西京故事》前，李东桥的角色多是帝王将相、才子诗人。可《西京故事》的主角罗天福是个山里人，为给上大学的一双儿女挣学费而进城务工。拿到剧本的当夜，他一口气读完，到早晨四五点还睡不着。这个讲述农村人举家进城的故事让他想起了自己的父母亲：同样是一字不识的农村人，想起了遥远的乡间的童年：天不亮就起床跟着父亲磨豆腐、挂粉条……

他强烈地想接，又不敢接，怕演不好就"身败名裂"。最后是陕西戏曲研究院领导的一句话说服了他："李东桥，你上台后，人家说这不是李东桥，你就成功了。"

西安的集贸市场附近常常蹲守着很多刚进城的农民工，李东桥也和他们蹲在一起，观察他们的神情、形态，捕捉他们的眼神。那是一种怎样的眼神！写着渴盼，也写着茫然。李东桥带着这样的眼神走上了《西京故事》的舞台。熟悉他的人认不出他来了，说："这是李东桥吗？"但对于李东桥来说，《西京故事》的意义绝不仅仅是戏路的突破，而是对"戏"的感悟。他每演一次罗天福都要落泪。"好戏是很'伤'演员的，每演一次《西京故事》，剧组人员都经历了一场灵魂的悲欢。"

"伤"演员的戏，才触及演员的内心，才转而赋予了戏剧以真实的生命温度。陕西戏曲研究院这些年来好戏不断，从早些年的《迟开的玫瑰》到《大树西迁》，再到现在的《西京故事》，演一出是一出，叫好又叫座，拿人又拿奖，在全国戏剧舞台上十分引人注目。倘若有心借鉴，或许李东桥的一番剖白就是最好的启示。

上海白玉兰戏剧艺术奖揭晓　李东桥郭达等获奖

(《上海青年报》2012 年 4 月 18 日)

昨晚，第 22 届上海白玉兰戏剧表演艺术奖在上戏剧院揭晓，并举行了隆重的颁奖仪式。

最终，陕西省戏曲研究院眉碗团著名演员李东桥，凭借秦腔《西京故事》中的出色表演，一举夺得分量最重的奖项——本届"白玉兰"主角奖榜首。

据悉，本届上海白玉兰戏剧表演艺术奖吸引了 16 个剧种、35 个院团的 87 位演员参评，水平相当，竞争激烈。

戏剧表演盛开"白玉兰"　李东桥等十人获主角奖

(《解放日报》2012 年 4 月 18 日)

昨晚，第 22 届上海白玉兰戏剧表演艺术奖获奖演员名单揭晓暨颁奖晚会在上戏剧院举行。

中国戏剧家协会主席、上海市戏剧家协会主席、上海白玉兰戏剧表演艺术奖评委会主任尚长荣，中国文联副主席、中国电影家协会副主席奚美娟等为获奖演员颁奖。

陕西省戏曲研究院眉碗团著名演员李东桥凭借秦腔《西京故事》中的出色表演夺得本届"白玉兰"主角奖榜首。

第 22 届上海白玉兰戏剧表演艺术奖吸引了 16 个剧种、35 个院团的 87 位演员参评，29 名演员最终脱颖而出。经过 23 年建设和壮大的上海白玉兰戏剧表演艺术奖，已成为上海戏剧"大码头"的重要动源、全国戏剧创作的重要风标。

李东桥获主角榜首奖

（《华商报》2012 年 4 月 19 日）

17 日，第 22 届"上海白玉兰戏剧奖"颁奖仪式在上海戏剧学院隆重举行。凭借秦腔现代戏《西京故事》中罗天福一角，陕西省戏曲研究院艺术总监、著名表演艺术家李东桥获得本届"白玉兰戏剧奖·主角奖"，位列榜首。

在 17 日晚上的颁奖仪式上，中国剧协主席尚长荣等嘉宾为获奖者颁奖，在为李东桥颁奖时，尚长荣一再表示："实至名归！实至名归！"对于自己此次获奖，李东桥特别激动，他表示："《西京故事》一年内演了 150 多场，虽然很累，但能得到观众的喜爱，我感到十分高兴。这次获得上海"白玉兰戏剧主角奖"，不仅是我个人的荣耀，也是我们《西京故事》全剧组的荣耀，是全体秦腔工作者的荣耀。"

第 22 届上海白玉兰戏剧表演艺术奖颁奖晚会昨在沪举行
李东桥：艺术要关注民生

(《新民晚报》2012 年 4 月 19 日)

昨晚，第 22 届上海白玉兰戏剧表演艺术奖颁奖晚会在上戏剧场举行，最终获奖名单随之揭晓。著名演员李东桥凭借秦腔《西京故事》中的出色表演夺得本届"白玉兰"主角奖榜首。

第 22 届上海白玉兰戏剧表演艺术奖吸引了 16 个剧种、35 个院团的 87 位演员参评，竞争激烈。经过好中择优、反复评审，29 名演员最终脱颖而出。李东桥凭着秦腔《西京故事》中感人肺腑的演出以最高票数荣登主角奖榜首。昨晚，他为观众演唱了秦腔《十二把镰刀》。在发表得奖感言时，李东桥感慨表示，演员虽活在舞台，但艺术应扎根于群众，创作要接地气、关注民生，深入老百姓的喜怒哀乐，才能创作出震撼人心的好作品。

李东桥荣登第 22 届上海"白玉兰戏剧奖·主角奖"榜首

(《陕西日报》2012 年 4 月 21 日)

4 月 17 日，第 22 届"上海白玉兰戏剧奖"颁奖仪式在上海举行，陕西省戏曲研究院艺术总监、著名表演艺术家李东桥凭借在秦腔现代戏《西京故事》中的卓越表演荣获本届"白玉兰戏剧奖·主角奖"

榜首。

今年的"白玉兰奖"共有分别来自上海和全国各地35个剧团61台剧目的87位演员参加评选,包括京剧、沪剧、越剧、秦腔、淮剧等16个剧种,汇聚了众多名家精品、港台风潮、剧坛新秀等。据评委介绍,"白玉兰奖"的"榜首"称号并不仅仅在获奖名单中排在首位,而是有着严格的界定:只有在评委会三轮投票中票数始终稳居首位的获奖者,才能在授奖时特别冠以"榜首"的头衔。经评委会严格评审,以《西京故事》中罗天福一角而享誉全国的李东桥成为第一个登上"白玉兰奖"榜首的秦腔人。

李东桥以《西京故事》中罗天福一角的成功塑造荣登第22届上海"白玉兰戏剧奖·主角奖"榜首

（陕西省戏曲研究院《戏曲艺术》上海特稿,记者戴静）

4月17日,第22届"上海白玉兰戏剧奖"颁奖仪式在上海隆重举行,陕西省戏曲研究院艺术总监、著名表演艺术家李东桥凭借在秦腔现代戏《西京故事》中的卓越表现荣获本届"白玉兰戏剧奖·主角奖"榜首。

在异常激烈的竞争中拔得头筹

由于2011年正逢中国共产党诞生90周年、辛亥革命100周年,戏剧舞台迎来了众多反映重大历史题材、反映现当代社会生活的优秀作品，所以今年的"白玉兰"无论是参评剧种、剧目还是参评演员的数量，都突破了近五年来的纪录，共有分别来自上海和全国各地35个剧团61台剧目的87位演员参加评选，包括京剧、沪剧、越剧、秦腔、淮剧、话剧、滑稽、儿童剧、晋剧、豫剧、陇剧、粤剧、锡剧、黄梅戏、绍剧、音乐剧等16个剧种，汇聚了众多名家精品、港台风潮、剧坛新秀等。

据评委介绍，"白玉兰奖"的"榜首"称号并不仅仅在获奖名单中排在首位，而是有着严格的界定：只有在评委会三轮投票中票数始终稳居首位的获奖者，才能在授奖时特别冠以"榜首"的头衔。经评委会严格评审，本届"白玉兰"在17名主角奖提名奖演员中产生了10位正式获奖演员，以《西京故事》中罗天福一角而享誉全国的李东桥，艺压群芳拔得头筹，也成为第一个登上"白玉兰奖"榜首的秦腔人。

18日，省戏曲研究院院长、省剧协主席陈彦率院班子成员及院内各团、处主要负责人一行20余人专程赶赴咸阳机场，热烈欢迎载誉归来的李东桥。大家群情激扬，纷纷向东桥表示祝贺，祝愿他在今后的重大赛事中再创佳绩。

李东桥和《西京故事》震动上海

17日晚，由央视和沪上著名主持人白燕升、曹可凡、马兰、钱云主持的颁奖仪式在上戏剧院举行。新颖精致的舞台两侧，装饰着巨大的"白玉兰"奖杯，不断变幻的灯光，映射出斑斓的色彩。穿插着精彩的节目，奖项一个个陆续颁出。为李东桥颁奖的中国戏剧家协会主席、上海白玉兰戏剧表演艺术奖评委会主任尚长荣先生紧握着东桥的手,高兴地说:"实至名归!实至名归!"

在29位获奖演员中,李东桥显然是最引人瞩目的一位,在几天来的系列活动中,处处受到特别的"关照"。先前,在15日下午举行的第22届上海白玉兰戏剧表演艺术奖论坛上,李东桥和姚百青、董红代表本届"白玉兰戏剧奖"入围演员上台作了精彩发言,三位各自剧种的代表人物分别谈了戏剧人的理想,戏剧流派的继承和创新及剧团的管理等内容。颁奖仪式上,作为主持人唯一点名采访的获奖者,他又被请到了台口。当被问到有关毛泽东《在延安文艺座谈会上的讲话》的问题时,他简要介绍了省戏曲研究院历史,然后深情地说:"我们从来都不认为自己是简单的表演团体,而是以一种文化建设者的心态,坚持价值引领,坚守着戏曲事业。《西京故事》和我们院一大批在全国产生影响的现代戏一样,都是深刻反映社会现实,反映底层老百姓的喜怒哀乐,表现中华民族追求真善美的传统和自强不息的精神,因而能在短短一年多的时间里,演出了150多场,得到观众、专家和社会各界的广泛好评。虽然我的戏份很重,时常会感觉疲惫,但作为一个演员,能够遇到这样的好戏,能够受到观众欢迎,我感到十分高兴也十分幸运。"一番肺腑之言,充盈着赤子情怀,洋溢着大家风范,激起了场内热烈的掌声。

陕西文化和大秦之腔的荣耀

颁奖仪式上,央视著名主持人白燕升讲述了他观看《西京故事》

的感受和对李东桥的激赏。他激动地说道："我特别想给大家多说两句李东桥——我上个月在北京国家大剧院刚刚看了他主演的《西京故事》。作为一个职业戏曲主持人，我看了太多太多的戏，不大轻易动情了。可是我看这个戏的过程当中，我真的一个劲地流泪，我发现不光是我流泪，很多人都在哭，真的非常非常感动人！有机会的话我真的希望在座的观众包括电视机前的您，看一看这部舞台剧。我一直觉得，舞台剧的魅力真的要比你看电视剧看电影带给人的感受，更加直接，更加强烈，你能够感受到台上台下演员和观众的互动关系，更能产生共鸣。"接着，他加重了语气，叮嘱大家："一定要记住李东桥，记住他的《西京故事》！"

白燕升盛赞李东桥和《西京故事》，已不是第一次了。此前的16日晚，他在艺海剧院后台遇到了李东桥，立刻高喊着东桥的名字，紧握住东桥的手，由衷地说：《西京故事》太棒了！被人拉着去看戏时，我根本没想到，这部戏能让我哭得稀里哗啦！一下子改变了我对秦腔的看法！我原先最反对"吼戏"，但看了你的戏，感觉你吼得太带劲了！我还专门对几位戏曲界前辈说，您一定要看《西京故事》，一定要向地方戏学习——他们真正是在演人物！"

在第22届上海白玉兰戏剧表演艺术奖获奖演员展演时，李东桥与卫小莉表演《西京故事》中的"父女对唱"后，白燕升也是当即热情洋溢的表达了对《西京故事》和李东桥毫不吝惜的赞美。他说："李东桥是我国一位杰出的表演艺术家。他刚刚表演的虽然只是《西京故事》

中的片段，但已经可以感受到催人泪下、感人肺腑的力量。我上个月刚刚在国家大剧院观看了《西京故事》全剧，当时看得激动万分，泪水止不住地流。我注意观察了一下周围观众，他们个个也都是泪流满面。这部戏讲述了一群小人物的故事，他们的坎坷，他们的坚守，阐明了'人活着是要有点精神的'这样一个道理，而这个坚守，这种精神，恰恰是我们今天社会所需要的。我常常想，芭蕾是外来的，歌剧是外来的，连话剧也是外来的，只有戏曲，才是我们民族独有的艺术，也正是有了我们戏曲人的坚守，戏曲人的精神，才有了今天戏曲舞台的繁荣。我呼唤大家都来观看《西京故事》，呵护戏曲，热爱戏曲，让我们的民族艺术发扬光大。"真挚的话语，表达着白燕升由衷的感动，这种感动，又感染了台下的观众。

连日来，上海各大媒体竞相报道了"白玉兰"颁奖消息，其中文汇报《秦腔演员李东桥昨走上"白玉兰论坛""演员要和老百姓贴得很近"》、解放日报《戏剧表演盛开"白玉兰"刘厚生获特殊贡献奖，李东桥等10人获主角奖》、新民晚报《第22届上海白玉兰戏剧表演艺术奖颁奖晚会昨在沪举行李东桥：艺术要关注民生》、上海青年报《上海白玉兰戏剧艺术奖揭晓 李东桥郭达等获奖》等报道均把李东桥醒目地设置于标题之中。在李东桥看来，这不仅仅是他个人的风光，也是秦腔的荣耀，是为陕西文化做了一次实实在在的强力推广。

▲参加"白玉兰奖"论坛

▲2012年4月,获上海"白玉兰奖"

李东桥荣获"二度梅"且位列榜首

2013年6月20日晚,由中国文联、中国戏剧家协会共同主办的第四届中国戏剧奖·梅花表演奖(第二十六届中国戏剧梅花奖)颁奖典礼在成都隆重举行。经我院选拔,省剧协推荐,我院艺术总监、国家一级演员李东桥在激烈的角逐中,以《西京故事》主人公罗天福一角的精彩表演征服了专家和观众,一举摘得"二度梅"且荣登榜首,又一次为三秦父老带来了惊喜。

中国戏剧"梅花奖"是戏剧表演艺术领域最高奖,"二度梅"即曾经荣获过"梅花奖"的演员以新的成就参赛并第二次获此奖项。由于能够入围参与竞争的均为全国戏剧界大腕,赢此大奖十分不易。据主办方介绍,"二度梅"竞争一届比一届激烈,本届报名参加初评的演员共有二十七人,是历届最多的一次。进入"二度梅"终评的八位演员,都是各个剧种或各地方剧坛的领军人物,中国国家话剧院张秋歌、上海沪剧院茅善玉等名家赫然在列。

李东桥素有"秦腔王子"之称。二十七年前，当时年仅二十四岁的李东桥，就以《千古一帝》中的秦王嬴政一角而一举获得第三届中国戏剧"梅花奖"，成为秦腔界第一位获此殊荣的演员。多年来，他悉心钻研，刻苦磨炼，先后领衔主演《千古一帝》《黄鹤楼》《太尉杨震》《杜甫》等剧，塑造了一系列深受观众喜爱的人物，达到了演技出神入化，唱腔炉火纯青的境界，一直挺立于秦腔表演艺术领域的尖端位置。曾获全国戏曲观摩演出主演一等奖，中国"金三角"交流演出优秀表演奖，首届、第三届中国秦腔节优秀表演奖，第六届中国秦腔节特别表演奖，第22届"上海白玉兰奖榜首"等重大奖项。本届大赛，李东桥以秦腔现代戏《西京故事》冲刺"二度梅"，厚重深邃、震撼人心的作品内涵与他活灵活现、入木三分的表演及慷慨激扬、韵味浓郁的唱腔相得益彰，产生了催人泪下、感人肺腑的戏剧力量，赢得了专家、观众的一致赞赏，遂成功地"梅开二度"并雄踞榜首。

（原载陕西省戏曲研究院《戏曲艺术》2013年第2期，有删节）

▲ 为群众演唱

▲ 在"二度梅"颁奖礼上走红毯

路，在脚下延伸

专访著名秦腔表演艺术家李东桥

○刘 勇

杜甫，这位被后人誉为"诗圣""的伟大诗人，以其诗歌成就和忧国忧民的思想被后人所缅记，相关题材的影视作品也不断涌现在荧屏上，但戏剧界却一直不见其踪影，不免令人有些遗憾。幸好，在去年戏剧舞台上出现了一部秦腔历史剧——《杜甫》。这部由陕西省戏曲研究院创排的新编历史剧，自 2005 年 7 月 7 日进行首场演出以来，至今演出已达五十余场，获得了西北五省区秦腔节"优秀剧目奖"，第四届陕西省艺术节"优秀剧目奖"，并赴京参加"北京国际戏剧演出季"，赢得了社会各界的好评。剧中扮演杜甫一角的乃是秦腔界的第一个"梅花奖"获得者、被戏迷们誉为"秦腔王子"的李东桥。

当李东桥苍凉悲壮地唱出"文章不为轻薄事，笔墨只哭世艰难。为天下苍生呼与喊，做鬼魂亦留民间"，为《杜甫》一剧画上完美的句号时，雷鸣般的掌声一次次响起，在场的二十多位陕西乡党更是齐声喝彩，为李东桥欢呼。

提起李东桥，西北人民并不陌生。秦腔《千古一帝》中的秦王嬴政、《蔡伦》中的蔡伦、《太尉杨震》中的杨震、秦腔电视连续剧《山里世界》中的云龙、眉户《留下真情》中的金哥、碗碗腔《真的，真的》中的卢巴克……这些作品不仅为他带来了诸多荣誉，也使得西北人民记住了这位扮相俊美、唱腔纯正、表演大气的"秦腔王子"。正是由于这些曾经给李东桥带来辉煌的演艺经历，使得他成功地扮演了杜甫这一角色。

舞台上的李东桥光彩照人，技压群芳。可谈起《杜甫》，李东桥却向记者道出了一肚子"苦水"。他坦言，这个角色让他感到了前所未有的压力，"杜甫的一生是极其坎坷的，他饱经忧患、忍辱负重的心理变化特别难把握"。重压之下的李东桥，反而被激发出了强烈的创作热情和表演欲望。为了深刻领会杜甫的思想内涵，他阅读了三个不同版本的《杜甫》；为了尽快记住诗化的台词，他将之密密麻麻地写在手臂上；为了领悟杜甫的精神气韵，他通读了杜甫的传世诗作；为了熟练掌握须生的表演程式，他将髯口随时带在身边，不时地拿出来练习；为了表现人物极度悲愤的心情，他设计了一个爬向台阶的动作，磨得双腿一片青紫；为了找到表演的最佳方案，他常常苦思冥想到深夜，并将妻子从睡梦中唤醒，充当第一个观众……付出终有回报，杜甫的出色表演，为他带来了事业上的第二次"高峰"。

现实中的李东桥，成熟稳重，潇洒大方，举手投足尽显大家风范。

近一米八的个头、卷卷的头发更显出艺术家所特有的气质，这便是记者在宽敞明亮的艺术总监办公室见到李东桥时的第一印象。难怪在女儿眼里，李东桥已成了秦腔界里的"刘德华"，备受推崇。

除了女儿这个忠实的崇拜者外，妻子也是李东桥的"第一戏迷"。为了李东桥的事业，她放弃了自己挚爱的秦腔，全身心地投入到了照顾爱人和女儿的"事业"中来。为了让李东桥扮演好杜甫一角，她更是耗尽了心血，"为了杜甫，我们经常熬通宵。有时为了一个眼神，我就得练一个晚上，而她就在旁边陪我一个通宵"。为此，李东桥很是感动。

20世纪80年代，秦腔历史剧《千古一帝》赴日本十四个城市巡回演出一月有余，又在西安连演一百多场，并被拍成电影，近乎风靡全国，写下了秦腔在新时期的辉煌历史。而今，二十年过去了，当人们再次提到这部作品的名字时，激动、兴奋的心情还是那么清晰。

1985年寒冬，秦腔《千古一帝》在北京一炮打响，李东桥将"奋六世之余烈，振长策而御宇内，吞二周而亡诸侯，履至尊而制六合，执敲扑而鞭笞天下，威震四海"的秦始皇演绎得活灵活现、入木三分，倾倒无数戏迷和观众，著名作家贾平凹观后当即书写"王者风范"四个大字送给李东桥，由于成功扮演秦王嬴政这一角色，1986年，李东桥获得了第三届中国戏剧"梅花奖"，从而成为秦腔界第一枝"梅花"。

那一年，李东桥二十四岁，他的演艺事业跨上了一个新的台阶。

荣誉，对于一个初露锋芒的年轻人而言，是鼓励、认可、肯定，然而更多的则是鞭策。在艺术道路上，李东桥虽然一步跨越了几个台阶，但他深知自己功力和知识的浅薄。获得"梅花奖"时他曾说自己还很年轻，奖项只是一个新的起点，成绩是大家共同努力的结果。时至今日，李东桥还这样谦虚地说："我还很年轻，当然，二十年前是身体年轻，现在是心态年轻。获奖只是一个开始，我脚下的路还长着呢……"说这段话时，李东桥自信地微笑着。

路，正在他的脚下延伸……

（原载《文化艺术报》2006年8月29日，有删节）

▲接受记者采访

▲在易俗社百年博物馆接受采访

三 媒体聚焦

李东桥访谈：秦腔是我的信仰

○秦　子

二十七年前，李东桥因成功出演《千古一帝》，成为陕西省首位获得中国戏剧"梅花奖"的演员；二十七年后，他又以《西京故事》斩获"二度梅"。

从"千古一帝"秦始皇，到"关西夫子"杨震，再到"诗圣"杜甫，李东桥主演的角色不是帝王将相，就是风流名士。而在大型秦腔现代剧《西京故事》中，已过知天命之年的李东桥，又以草根人物罗天福完成了人生的又一次升华。

最近，屡获大奖的《西京故事》再次在古城上演。演出期间，本报记者专访了国家一级演员、著名秦腔表演艺术家李东桥。

舞台，给了李东桥诸多的人生体验。人生如戏，戏如人生，几十年的舞台生涯，李东桥既读懂了戏，更读懂了人生。

他说，这辈子自己就干了秦腔这一件事，作为秦人，唱秦腔是他快乐的方式，更是他的信仰。正如《西京故事》中那句著名的唱腔："我大、我爷、我老爷、我老老爷，就是这一唱，慷慨激昂，还有点苍凉。不管它日子过得顺当还是恓惶，这一股气力从来就没塌过腔！"

把自己砸碎了重新塑造

华商报：《西京故事》演了多少场了？

李东桥：三百多场。

华商报：如此频繁地去演一部戏，会不会丧失表演的新鲜感？

李东桥：这个戏不一样，到现在都没有走过场的感觉。每次演到我跟女儿、儿子的戏时，我们都是含着泪演完的。可以说，每演一次，就经历了一次主人公罗天福的人生。

华商报：毕竟岁月不饶人，这个年龄能撑下来很不容易。

李东桥：戏曲又不能假唱，全得真功夫。说心里话，确实也很累，特别是夏天。上次去南方巡演，学校的剧场很简陋，也没有空调。我穿的棉袄、背心，可都是真羊皮的。灯光还烤着，还要唱。（笑）底下看戏的人拿着扇子扇，可我不行。我爱人就拿了盒清凉油全抹在了我头上。两个多小时下来，真是累。

华商报：但是累并快乐着。

李东桥：是啊。特别是谢幕的时候，那是演员最幸福的时刻。看着观众的热情，一切都值了。

华商报：你演惯了"大人物"，现在再演最底层的老百姓，这种角色的转换容易吗？

李东桥：其实最早让我演的时候，我还找过院长，说本子确实好，但我真的演不了，找不到感觉。我皮大衣一穿，导演说，脱掉！你怎么能这样演罗天福？

华商报：人家还以为"千古一帝"微服私访呢。

李东桥：（笑）就是。我说我真不行，找不到感觉。院长当时只说了一句话，"东桥，你在舞台上一出现，如果观众说，这不是李东桥，你就成功了"。这话是什么意思？就是把自己砸碎了重新塑造自己。

第一次进京演戏化装时手都颤

华商报：这次斩获"二度梅"，是不是奖品更丰厚一些？

李东桥：还是发个盘子。上面内容也一样，都是著名画家吴作人先生为"梅花奖"获得者画的那幅画《梅花香自苦寒来》，（笑）只不过比第一个能大一圈。

华商报：据说第一次得"梅花奖"后，你还把奖金给丢了。

李东桥：这次"二度梅"颁奖的时候，有位专家也向我求证这个事，我说是的。从北京领完奖后，我们坐火车回西安，在列车上被偷了。当时奖金是五百元，我一月工资才四十五元，（笑）可把我心疼坏了。不过文化厅得知情况后又给我补了五百元。

华商报： 获"二度梅"的心情和第一次得"梅花奖"时一样吗？

李东桥： 不一样，第一次是惊喜。因为《千古一帝》1985年去北京参加全国会演时，我已经荣获了主演一等奖，没想到第二年，又拿了个"梅花奖"。这次当然也很高兴，毕竟这些年在艺术上的积累，得到了专家的再一次肯定。但相对第一次来说，这次更淡定一些。我觉得，真正决定艺术成就的，不是奖项，而是老百姓的口碑。

华商报： 说说那次会演的情况吧。

李东桥： 那年我是第一次到北京演戏。在户县剧团时，最东也就是走到西安纺织城，所以那时非常激动，化装时手都颤。没想到，人生的第一部大戏就来到了北京，而且颁奖时还进了人民大会堂。

华商报： 你是陕西省第一个获得"梅花奖"的演员，当年省戏曲研究院有没有给你重奖？

李东桥： （笑）院上给了我一套唐诗的书，还奖了一本影集和一身练功服，当时就算可以了。

对秦腔最初的记忆来自父亲

华商报： 你名字中这个"桥"字有什么讲究？

李东桥： 没啥讲究。弟兄五个，我排行老三。老大叫桥娃，老二叫军桥，我叫东桥，我弟叫通桥，老五叫永桥。好像是父母请人起的名字，第一个娃人家说就叫桥娃吧，下来就都带了个"桥"字。

华商报：父母是圈内人吗？

李东桥：我母亲是个地地道道的家庭主妇，（笑）面擀得好。我父亲经常给村里的年轻娃娃教怎样干农活。他很爱秦腔，赶马车时唱，磨粮食时也唱。我小的时候，父亲常带我出去走亲戚。一身绸衫子，骑着自行车带着我，一路唱着《花亭相会》就走了。我那时小，也听不懂。光听他一会儿声很宽，一会儿又成了细嗓子，男女声都唱。地里做活的看见了，把锄头一放，喊道，老爷子唱得美。

华商报：你对秦腔最初的记忆来自父亲？

李东桥：对，但那时还没有想学戏的概念。

华商报：后来是怎样走上秦腔这条路的？

李东桥：我十一岁那年，户县剧团招人。父亲说，去吧，咱家娃这么多，去了还能吃上商品粮。我就去考了。

华商报：从户县剧团到省戏曲研究院，又是怎样的机缘？

李东桥：1983年，省戏曲研究院的老师到户县帮我们排戏，发现我了，说，这娃还可以，就介绍我到研究院来。第一次来，见了一回领导就回去了。后来有一天，县文化局的办公室主任在户县街道上碰见我，说，研究院要你呢，你知道不？我说不知道。人家说，研究院都跑了好几回了。后来才知道，研究院要排新编秦腔历史剧《千古一帝》，选中我了。

华商报：演《千古一帝》时，你才二十四岁，你怎样找到帝王的那种精气神的？

李东桥：其实刚开始演的时候，也是一片骂声，说这娃是贾宝玉，不是秦始皇。后来我们剧组还专门到兵马俑，请著名考古专家袁仲一先生讲秦帝国的历史，讲秦始皇。然后又拉去看电影《茜茜公主》，那里面不是有王子嘛，通过这些帮助我找帝王那种内心的气质。

艺术要讲究，不能将就

华商报：现在"二度梅"也拿了，有没有想着以后转型？

李东桥：我觉得还是戏曲有意思，我一生也就是干这个。戏曲有很多写意的东西、表演的东西，很享受。另外，在舞台上和观众交流互动的那种感觉很好。

华商报：下一步还有什么想法？

李东桥：还要演戏。过去演的都是高大全的人物，演《西京故事》让我落地了。我感觉，应该演和观众距离近的人。所以，还想再演一个人物。

华商报：谁？

李东桥：司马迁。我给别人说，像司马迁这样一个小人物。别人说，这可不小啊。我说的不是这个"小"，我是说，这个人虽然很伟大，但身份很低。他又受了那么大的侮辱，还能把《史记》这样的巨著写下来，这是一种怎样强大的力量？支撑他的究竟是什么？他的内心又是怎样？我觉得，这些方面可以很好地去挖。

华商报： 演了几十年戏，在你眼里，舞台意味着什么？

李东桥： 舞台就是个镜框子。你是镜框子里的一幅画，这就是艺术。当你走出幕条的时候，你在观众面前就是个艺术品。你的举手投足包括眼神，多少观众都在看着你，你眼睛稍微一胡瞟，观众说，这演员咋是个这呢。艺术要讲究，不能将就。职业在过去就叫饭碗，你的饭碗你都不尊敬，你还能尊敬啥？从事这个职业，就要把这个当成自己的生命。

（原载《华商报》2013年8月6日）

▲2012年7月,《西京故事》演出前在宾馆吃一碗妻子做的软面

▲为群众演唱

活化传统　用心创造

李东桥访谈录

○ 南璐　李季

记　者：请简要谈谈您从事戏曲表演以来印象深刻的剧目有哪些？

李东桥：我十二岁从艺，在户县剧团演了十几年传统戏。1984年来到陕西省戏曲研究院后，开始演出原创剧目。曾经主演过《千古一帝》《留下真情》《太尉杨震》《杜甫》《西京故事》等剧目。

其中，我最喜欢的作品是《千古一帝》《杜甫》和《西京故事》。这三部戏分别代表了我不同时期的创作思想和水平。《千古一帝》在那个时期带领了戏曲的改革，我个人凭借此戏还获得了第三届中国戏剧"梅花奖"，这个荣誉很难得，很有纪念意义。《杜甫》在演出行当上跨度极大，我在演出中不仅经受住了考验和挑战，而且受益良多。《西京故事》这部戏重点解决的问题是戏曲程式在现代戏中运用的问题。通过演出这部戏，我对表演有了更深的体悟和发现。

记　者：您以前饰演的大多是历史上的杰出人物，而《西京故事》

中的罗天福是一个生活在现代社会的小人物,请谈谈您是如何打破原有的模式,成功完成角色转型的?

李东桥:我以前在舞台上一直演出挺拔高大的人物,猛然间要演一个老年的农民工父亲,一时很不适应,刚开始总也找不到人物的感觉,一进排练场就一身虚汗。导演不断地鼓励我,陈彦院长也不止一次跟我说:相信你一定能演好。在他们的鼓励下,我不断地思考、揣摩,还与导演、编剧去了西安的木塔寨,观察那儿的农民工的生存状态。我还联想到我的父亲和岳父,他们都是地道的农民,我岳父的腰因为劳动常年都是佝偻着。我父亲也是个一字不识的农民,但他很聪明,在生产队做粉条,会所有的农活,非常地勤劳淳朴。从他们身上,我渐渐找到了罗天福的感觉和特征,抓住了人物的灵魂,并让这一"灵魂"引领我完成了整台戏的演出。

记　者:人们常说,戏曲现代戏难搞,稍有不慎就会搞成话剧加唱。请您结合您的表演实践,谈谈戏曲程式在现代戏中的运用?

李东桥:戏曲是戏曲,话剧是话剧,这是完全不同的。话剧的动作是写实的,要求和生活中相似。戏曲是写意的,要求"无技不成艺,无情不成戏",戏曲的特点就是程式化。如《西京故事》中民工的台步就是借用了戏曲的程式动作,第一个人一出来就跨出了腿,拉开了膀子,这就是戏曲。观众看到这儿一定会说:"看,这就是戏,戏来了。"若是出来和生活中一样,那就是话剧了。样板戏中也是这样,拿着马鞭,提腿走圆场。在《西京故事》中,每个人都在程式中走着,金锁的凳子的运用，甲秀的围巾的运用，我的擀面杖的运用，以及劈叉、跨腿、最后的亮相等都是从传统戏曲程式中化出来的，又加进了新的创造，因此一出来就得到观众的掌声。戏曲的动作非常重要，国外的话剧，因为我们听不懂，就很难看懂它，但是戏曲加上动作就不一样了，我们不能忽视戏曲形体的张力，身体语言很容易帮助观众了解剧情。后来普遍认为现代戏就是动作加唱，这是个误区。查明哲导演对这个戏的指导思想是戏曲现代戏要绝对地戏曲化，充分地尊重戏曲的传统，并创造性地把话剧对语言的要求、刻画人物内心活动的"外来的东西"用在戏曲中，对整个戏进行了丰富和提升。因此有专家说，《西京故事》对现代戏的演出起到了引领的作用，是个里程碑。

记　者：有观众说，看了《西京故事》后，感觉"老秦腔"的味又回来了，您是怎么看待秦腔唱腔的继承与革新这个问题的？

李东桥：在戏曲改革中，这几年存在着一个问题或是倾向：只要是老的东西，过去的东西就一概否定，也有人随便加入一点自己的东西，就觉得是改革，这是不对的。这些东西是以前多少代人经过实践检验过的东西，是珍贵的财富。我们在艺术生产的过程中，可以以新的表演方式、唱腔表现出来，可以进一步地去丰富它，做一些新的改变，但是绝不能一概否定它。演完《杜甫》，有记者问我，你的唱法是否已经开始向传统靠拢？我说，不是传统的东西不好，而是我们从事戏曲的人没有做好，所以损坏了这个东西，包括唱腔、技巧，这是可悲的，这些东西是最容易流失的。这方面我们在《西京故事》中做了很多的改进和尝试，把秦腔的所有板式都用到了。在《西京故事》初排阶段，罗天福有三大段白口，我就想，不能用白口整个念下去，这样下去就完全成话剧了。我就和导演说我有个想法，可以用滚板来表演这段。《血泪仇》中用过滚板，《祝福》中也用过，是秦腔中的特色，来源于戏曲中的边说边唱。我给导演当场唱了一段，导演听后说："很好，我就要这种老东西。"于是我就与编剧陈彦院长、作曲者从一个字与一个音的配合，字词适合滚板的长度、用法都仔细地斟酌。在滚板确定后接下来就想用喝口，很多人当时不同意，我说先尝试，如果用得效果好，咱就用，不行还可以去掉。艺术创作就是这样，不同的意见、不同的看法肯定是有的，有撞击才能激发出火花。在罗天福的唱腔中，我先用了喝口，接下来用了作曲家的创作，将两方面进行了结合，通排后，发现效果真的很好。后来，导演就说："你有什么好的东西都拿出来。"他以一个秦腔之外的人来看，看到了秦腔很多珍贵的、有价值的、美的东西。观众看了《西京故事》后对我说，你这次唱的才有了秦腔味。

最近，我排了个传统戏《拆书》，院长让我引领大家学习传统戏，把传统戏重新拾回来，并在演出中对唱腔进行些微的改变，使秦腔更加好听，更有生命力。在排练中借鉴了任哲中、刘毓中、李爱琴等表演艺术家的唱腔特点，把思想唱进去，不是为了唱戏而唱戏。在继承传统的同时，不能被传统所束缚，要赋予它新的生命力，让它活起来。

记　者：中央电视台戏曲频道著名主持人白燕升看完《西京故事》后说，过去您是"秦腔王子"，现在是"秦腔皇帝"了，请谈谈您对戏曲表演美学的追求和体会。

李东桥：戏曲程式、唱腔都属秦腔美学范畴，我一贯追求的是形成自己的风格。如《千古一帝》中，我对秦始皇的塑造多用的是小生的表演身段和动作，还吸收了须生和其他剧种的身段动作，声腔借鉴了花脸的唱法，以丰富自己的表演。在《杜甫》中，我用行当跨度很大的表演去表现杜甫的人格和精神，塑造其忧国忧民的舞台艺术形象。《西京故事》中，我更是注重活化传统，用心创造，通过一系列的身段动作和唱腔来塑造和表现人物的内心情感。

演戏是情感劳动，演员要用心和观众进行沟通和交流。演《西京故事》中的罗天福时，每场戏都要下跪，我的膝盖全是破的，但在台上，就会忘了疼。因为每演一遍罗天福的人生历程，我的心灵就得到一遍净化，观众的掌声又给了我极大的满足，这种创造的乐趣远大于疼痛。我对自己的要求是演戏必须尽力，这是我对戏曲的态度，每次演出我都要调动全身力气，都要尽力达到极致。

记　者：以后您还想演哪类戏或角色？

李东桥：我想演一些秦腔传统戏，如《放饭》。我想从一招一式上对这出戏进行排练，张扬其中的传统艺术精华，并从唱词、声腔上进行修改，使它更加合理，却不改变它根本的筋骨的东西。

记　者：您最想对年轻演员说什么？

李东桥：现在从事这个职业的年轻演员，已经很不容易，戏曲事业需要他们来推动。我们都应该尊重他们。年轻演员一定要努力学习，不断丰富自己，从技巧、唱功开始，不能投机取巧，机会永远是给有准备的人留着的。

（原载《当代戏剧》2013年第1期）

秦腔《西京故事》：形象化展现农民工生活境遇

(凤凰卫视 2012 年 5 月 7 日《大剧院·零距离》文字实录)

周瑛琦（凤凰卫视主持人）：今年 3 月，秦腔现代剧《西京故事》在国家大剧院上演，这也是秦腔第一次登上国家大剧院的舞台。激越高亢的秦腔，是否会让你联想起壮丽、苍凉的黄土高原，还有那粗犷、豪放的陕北汉子呢？听了秦腔，肉酒不香，秦人对秦腔的爱，那可是从骨子里、血液里面生发出来的。但是，作为一种地方戏，秦腔不像黄梅戏、越剧那样，曾经风靡过全国，其古拙朴实的唱腔对于外地的观众而言，会引起怎样的回响呢？《西京故事》登陆国家大剧院，又靠什么来征服京城的观众？古老的秦腔，又如何与现代观众取得共鸣呢？我们慢慢揭晓。

《西京故事》缘起现实　展现农民工生活境遇

解　说：大幕拉开，是一个由废弃的厂房改建而成的大杂院，龙套演员出场，从他们的扮相就可以看出，这是一群农民工。编剧陈彦在剧本的一开始就交代，西京，一个既古老又现代的大都市，逼仄而拥挤的大杂院内，高高低低、上上下下住了数十位农民工，《西京故事》的缘起是司空见惯的现实。

陈彦（秦腔《西京故事》编剧）：我在西安，我们单位驻地外边，就是文艺路，每天有一两千农民工在那儿出出进进，时间长了以后，我总觉得他们身上有很多故事。

解　说：动笔之前，编剧陈彦不仅时常和单位附近的农民工交流，还到西安最大的两个农民工聚居地去采风。

陈　彦：一个叫木塔寨，这个木塔寨啊，当地的居民现在只有一千七百多人，而里面的农民工住了将近四万人，你想这个村子是一个什么概念？还有一个村子叫八里村，我们去的时候，这个村子的当地村民只有三千多人，而外地来的农民工有几万人，你想这一个村子是一个什么样的状况？我们不能不去重视这一种社会群体的存在。

解　说：从创作初衷而言，《西京故事》是现实主义的，但是剧中却有一个充满了象征意义的人物——东方雨老人。他是一个为了保护文物而倾其所有的知识分子，他租住在大杂院，主要是为了照看院中的千年唐槐，同时，他还在巨细靡遗地记录着院中这些小人物的生活琐事，为小人物作传的东方雨，俨然是编剧自身的投射。

陈　彦：农民工这么大的群体，并且在中国现在的经济社会发展中，起了这么重要的作用，在城市，我们其实非常需要他们，但是，又有很多人很不待见农民工。我觉得，这里边就是人的尊严问题、人格问题，人的梦想、人的生存、人的失望，我觉得里边有很多值得思考的问题。

解　说：经过长达三年半的时间，先后进行了七次大的修改，《西京故事》终于进入排演阶段。故事的主角是大杂院里新来的一家四口，做过村长、当过乡村教师的罗天福，因为一双儿女先后考上西京的重点大学，于是举家进城，打算靠家传的打饼手艺供养儿女读大学。反面角色是房东一家，刻薄跋扈的包租婆阳乔，贪财好色的"妻管严"西门锁，他们的儿子金锁则是个不折不扣的"混世魔王"。罗甲秀和罗甲成姐弟都是山沟沟里飞出的金凤凰，性格和命运却是大不相同，这两个形象的塑造，是颇有深意的。姐姐甲秀品学兼优，为了减轻父母的负担，不仅做家教，还去捡垃圾、卖废品。当弟弟甲成因为看到她在校园里捡垃圾而大动肝火的时候，甲秀唱道：

（罗甲秀："姐不忍把爹娘身上的油榨干。"）

解　说：弟弟甲成对于成功有着迫切的欲望，但是优异的学业掩盖不了贫困的现状，这让意气风发的甲成产生了严重的挫败感。

（罗甲成："富有的咱几代难以往上赶，尊贵的咱永远不能去比肩。既无果又何必挣挣巴巴去强赚，服了输认了命浑浑噩噩也安闲。能过了糊里糊涂过几天，不过了登高一跳皆了然。"）

解　说：对于许多人尤其是农村人来说，考上大学无疑是改变命运的龙门一跃，但《西京故事》却用形象互补的一对姐弟让观众意识到，考入大学，迈进城市，并非"知识改变命运"的结局，而是开始。《西京故事》的核心人物是罗天福，这是一个拥有多重身份的角色，他当过村长，在村民中颇有口碑，他当过乡村教师，是个识文断字的文化人，他打千层饼的手艺在村里是数一数二的，来到西京，他成了千万农民工中的一个。

陈　彦：如果他（罗天福）身上没有一些文化背景的话，可能我们有些思考就无法寄托到他身上去。

解　说：罗天福是一个非典型中国农民，也是一个典型的中国农民。所谓非典型，是因为多重身份加诸他身上，这样的形象有存在的可能，却并不多见。所谓典型，是因为罗天福具备许多中国农民典型的优良品质，他看重知识，也寄希望于知识。

（罗天福："你姐弟都把名牌大学念，是家乡最红最红的红杜鹃。"）

解　说：他尊重劳动，尊重自食其力。

（罗天福："自立自强，谁堪笑话，谁配中伤。"）

解　说：最重要的是他在面对困难时的坚持，和对未来的信心。

（罗天福："梦既然有，苦就该尝，日子迟早会过亮堂，咬咬牙啥事都通畅，那太阳一定会照上咱脸庞。"）

解　说：可以说，罗天福这一形象，承载着创作者的理想和情怀。

陈　彦：我的好多作品里边，可能更希望在今天这一种纷扰的社会生活当中，努力去持守这个民族经过几千年前进当中所认定的一些恒常的社会价值。我觉得有很多这个价值，无论社会怎么变，它是不能颠覆的。

解　说：坚守传统价值观念的罗天福，和价值迷失的罗甲成之间，自卑的甲成和自强的甲秀之间，以罗家为代表的农民工和房东一家之间，《西京故事》在错综复杂的矛盾关系中，展现了农工民在城市的生活境遇和生存状态。城乡差别、贫富差距，"农二代""富二代"，坚持、迷茫、梦想、挫折、尊严、价值，《西京故事》直面现实的阵痛。

查明哲将秦腔形象化　《西京故事》原汁原味

执导《西京故事》的是来自中国国家话剧院的导演查明哲，在戏剧圈，查明哲有"残酷导演"之称。查导说，他的残酷，是在戏剧中探索，发现真相，揭示人与生活的真实面目，让观众像照镜子一样地看清自己，这也是他出任《西京故事》导演的原因。

查明哲（秦腔《西京故事》导演）：我愿意选择它，就是它恰恰反映了中国从一个农业文明的国家一下子转向了一个现代的工业的或者城市化的国家，这其实是一个非常大的一个转型，那么在这个转型里面，农民工的进城，又形成了一个特别有价值，需要去追寻、需要去表现，作为文艺作品来说，又是一个非常重大的题材。所以这个戏一拿到我这来看，我就觉得，有必要来为这个历史的阶段、这个重大的题材，也来贡献一份力量，贡献一份思考。

周瑛琦：这些年来，话剧导演指导戏曲，相当盛行，但是争议也很大。有人认为，话剧导演给古老的戏曲带来了现代气息，也有人认为，部分话剧导演不仅不懂戏曲，更是抓不住戏曲微妙的规律。在《西京故事》之前，查明哲导演就曾经执导过多个剧种的剧目，包括京剧、川剧、越剧、评剧、黄梅戏等，查导认为，其实话剧和戏曲是可以互补的。他说，有的话剧导演确实是带着改造的目的去执导戏曲，而他则是本着尊重的原则。在《西京故事》中，他希望在凸显秦腔审美优势的基础之上，为秦腔注入更现代的思考，以及表达方式。

（秦腔《西京故事》剧中角色："我大、我爷、我老爷、我老老爷，就是这一唱，慷慨激昂，还有点苍凉。不管它日子过得顺当还是恓惶，这一股气力从来就没塌过腔！"）

解　说：这段秦腔黑头的演唱，高亢苍凉，是《西京故事》的主题歌。《西京故事》共有六场，除了第一场的开始，编剧陈彦在每一场的结尾都安排了这个主题歌，而到了导演查明哲手中，歌就不再只是歌或者主题归纳了。

查明哲：我能够达到，到最后的时候，突然一下十几次的重复，到最后观众出去的时候，比如今天那个《中国戏剧》的记者说，他昨天一路开车回去，就在唱，"我大、我爷、我老爷、我老老爷……"。就是这种吼，我就把它形象化了。

解　说： 形象化是查明哲作为戏剧导演给秦腔带来的改变之一，大杂院中，最显眼的是一棵千年唐槐，背景处的摩天大楼依稀可见，这就是我们所处的时代。东方雨给唐槐树叶的设计，虽略显矫情，却也发人深思，细心的观众还能在剧中发现一种独特的定格手法。

（罗天福："你貌似强力，实则猴急，心地狭小，处事偏激，你是一个越活越小气的混账东西。"）

查明哲： 它恰恰是人物内心的戏剧矛盾的爆发点，人物关系发展到了最尖锐的一个阶段，我一下给你定格定住，然后音乐响着，灯光变化，我让人物不动，提醒你思考一下在这个瞬间，它内在的意味、内在的意义。

解　说： 话剧导演的表现手法让《西京故事》在人物塑造和内涵开掘方面有所突破，而这些一向不是戏曲的强项，虽然是话剧导演执导，虽然是一出现代戏，《西京故事》最大的一个特点，反而是秦腔的味道更足、更正。查明哲导演在走马上任时，曾经对记者说，他是来倾听风骨秦腔的。

查明哲： 八百里秦川尘土飞扬，三千万秦人齐吼秦腔。为什么要吼啊？唱啊、吟啊，这些不都是中国人的表达方式嘛。但是，陕西人的秦腔是用一个吼字说出来的，你就觉得这个吼字，吼什么？

解　说： 在创新成为借口，解构成为一种讨巧手段的时候，《西京故事》的创作团队却反其道而行之。故事实实在在，主题不模棱两可，在秦腔艺术方面，更是要将最传统、最原汁原味的东西呈现给观众。

查明哲：秦腔为什么有价值？它的特质是什么、气质是什么？它最吸引人的是什么？它最有表现力的是什么？我是希望把这些东西都拿过来，然后在戏里面把这些东西都呈现出来。

解　说：戏曲最精华的东西，区别于其他表演模式的地方，就在于程式化，但是作为一出新编现代戏，《西京故事》要表现的是现实生活中的人物，既不能让现实的人物走样，又要保留戏曲的程式化，这是个很大的考验。李东桥，1985年凭借《千古一帝》成为秦腔界首个"梅花奖"获得者，塑造过很多成功的角色，此番出演罗天福，对他来说压力颇大。

李东桥（秦腔《西京故事》主演）：我本来过去演的都是古典戏，古典戏是一种程式化的模式，当然也不完全是，它肯定有一个规范的，穿着蟒袍端着架子。然而《西京故事》这个戏就是一个生活，非常生活的戏，我演这个戏，当时拿到剧本，有压力，非常有压力，压力非常大，我觉得它离我的表演距离太远，甚至有时候觉得我可能就因为这个戏而弄不好，就身败名裂了。

解　说：没有了髯口水袖、刀枪剑戟，怎么办？导演和演员试图将一些生活化的东西，比如扁担、条凳、围裙、擀面杖等和传统的戏曲行当及动作程式相结合，打磨出一些既真实又有戏味的动作。

李东桥：他（查明哲）一到排练场就跟我说，我想要你的传统的东西，你有什么都给我拿出来我看看。我就给他做了好多戏曲的动作，然后他就在那儿琢磨，他说我要老的，你给我拿，我就给他拿，比方说担子那些东西，我们就给他拿。我说这样放那样放，由他定。

解　说： 秦腔秦腔，腔是最重要的，和许多秦腔经典剧目一样，《西京故事》突出了秦腔慢板的特点，一个在艰辛的生活中，坚守原则和坚持梦想的故事，给了擅长苦音慢板的李东桥很大的发挥空间，他苍凉凄切的唱腔将秦腔的表现力发挥得淋漓尽致，而消失了数十年的滚白重现舞台，更是让观众体会到秦腔独有的魅力。

查明哲： 滚白，就是说你正说得非常紧凑激昂，然后又马上上腔就唱，然后刚唱一句，两个、三个字，突然又回来继续说了，这叫滚白。

李东桥： 这个滚白，就是滚板，这是秦腔独有的特色的一个板式。

查明哲： 但是他们六十年没有一部戏用过这个东西。

解　说： 原先的剧本中，在罗天福遭遇沉重打击时，有一大段唱，导演和演员最初讨论剧本的时候，李东桥提出，这段如果改用滚白可能会更有力量。虽然当时还不清楚滚白是什么，但是查导把这话记在心上。

查明哲： 后来排到这儿了，我就说，东桥你不是说这个地方可以用滚白吗？他惊讶地说，你还记着？！我说，我当然记着，因为我要的就是你们秦腔的东西。

李东桥： 我立马就给他唱了一遍。他说，我要了！

（罗天福："罗天福不做西京梦了，罗天福向儿子投降了。"）

李东桥： 陕西的老观众、老戏迷，听到这种旋律、这种唱腔，就兴奋、就过瘾。

查明哲： 现在所有的专家、业内的观众，包括最基本的观众看了以后，都有一个同样的议论，也是令我最欣慰的，那就是，他们觉得这就是秦腔。

周瑛琦： 原本，秦腔在西北三省二区都是颇受欢迎的，但是自从20世纪90年代开始，秦腔和其他地方的戏曲一样，都面临着市场萧条、观众流失。为了使秦腔走出窘境，从2007年10月开始，陕西省戏曲研究院调动了下属四个团的所有演员，致力要让"西安天天有秦腔"。不过，你可以天天演，观众未必天天看。他们用什么样的方法吸引观众呢？首先是低票价，最高五十元、最低十元这样的票价。与低票价相对应的，却是绝对的高品质，演出阵容中包括李东桥这样的名角儿。当然，还有就是戏得要好看。无论是流传至今的经典剧目，还是像《西京故事》这种精心制作，题材与现实息息相关的现代剧，都必须首先考虑到观众要爱看。

在今天的西安，秦腔的境况已经回暖，而这个回暖背后的决心及魄力，值得我们尊敬并借鉴。

▲凤凰卫视《大剧院·零距离》专题报道《西京故事》演出盛况

▲《西京故事》在北京长安大戏院演出结束后,该剧编剧陈彦(右)、导演查明哲(中)、主演李东桥(左)应邀与首都大学生对话

《西京故事》引来众粉丝微博直播视频推荐
大学生何以迷上秦腔现代戏

韩飞燕的博客：昨晚竟然去看秦腔戏了！竟然从头到尾认真地看、听了一遍。虽然不懂这个领域的艺术，还是为这个题材感动了——《西京故事》。5月23日15：12来自新浪微博

塔蓝图拉A：就这样，奇怪地被一种从没喜欢过的传统剧目俘虏了。昨天看了一场秦腔剧《西京故事》，疯了，太震撼了。希望有机会能去看的人，一定要看！5月22日9：16来自新浪微博

刘伟：强烈推荐戏剧《西京故事》给各位同学，很有意义，胜过各种电视剧、小说，即使你不爱秦腔看完也会改变态度，哪怕只相信我这一回。真的很好……5月19日05：57来自腾讯朋友

这是陕西高校的大学生们在看过大型秦腔现代戏《西京故事》后在微博上发出的感慨。

自从3月8日亮相舞台以来，由著名编剧陈彦创作，著名导演查明哲执导，陕西省戏曲研究院排演、李东桥主演的《西京故事》已经连演六十余场，成为西安街头巷尾谈论的一个热点话题。一传十、十传百的好口碑，让《西京故事》一票难求。而今，这股热潮又刮进了陕西高校——对秦腔不甚了解甚至持有偏见的"80后""90后"，借陕西省高校庆祝建党九十周年组织大学生集中观看秦腔现代戏《西京故事》活动的契机，走进剧场近距离观赏秦腔，完全改变了对这门古老艺术的态度，还自发成为《西京故事》的义务宣传"网络水军"，在微博、校内网、优酷视频等网站上进行大力"推销"。

一支自发的"网络水军"

《西京故事》讲述了农民罗天福因儿女双双考上城里的重点大学，举家迁往西京"寻梦"的故事。一直以诚信勤劳为立身之本的罗天福，不顾腰伤起早贪黑劳作，用打千层饼的手艺支撑起儿子甲成和女儿甲秀的求学之路，但甲成却在理想与现实的巨大落差中日渐迷失，以至于将全家拖向几近崩塌的边缘。罗天福强顶压力，即使日子再艰难也坚持不卖祖传的紫薇树换钱，两年后，甲秀自办了公司，甲成也学业有成，全家人都走出了曾经的阴霾，在坚持与努力下实现了"西京梦"。

剧中涉及一系列极具现实性的问题，如"农二代"面对生活重压的自卑与无奈,"富二代"生活的空虚与迷茫,农民工远离故土的凄凉和对在城市中被边缘、被歧视的愤怒等。

照理说,这样一部主题较为沉重的戏曲作品,很难做到雅俗共赏、老少咸宜,更难以讨得年轻人的欢心。然而,《西京故事》却能让人笑中带泪、回味无穷。

艰难生活也压不倒的罗天福,勤工俭学为父分忧的甲秀,急于挣脱困苦现状的甲成,叛逆的"富二代"金锁,泼辣的包租婆,妻管严的房东西门,睿智通达的知识分子东方爷爷……随着每个形象的饱满与突出,《西京故事》也浓缩成为当今时代的一个缩影。

"我大(方言'父亲'之意)、我爷、我老爷、我老老爷就是这一唱,慷慨激昂,还有点苍凉。不管它日子过得顺当还是恓惶,这一股气力从来就没塌过腔……"编剧陈彦对于剧中带有强烈陕西方言色彩的对白和唱词,句句拿捏到位,屡屡令人拍案叫绝。而《非诚勿扰》、《阿凡达》、灰太狼甚至"I Love You"等元素的加入,更令台下的大学生神经兴奋。

"我已经在校内网上分享了《西京故事》的视频,这么好的作品,比电影大片还好看呢,可惜知道的同学太少了!"西安美术学院环艺系2007级本科生小高看过《西京故事》后,便成为秦腔的追捧者以及《西京故事》义务的"网络水军"。像小高这样的大学生不在少数。两个月来,仅新浪和腾讯上关于《西京故事》的微博就已超过五百条,由拍客们摄下的《西京故事》精彩片段,在知名视频网站优酷网和土豆网上也已有数千的浏览量,这些大都是看过演出的高校学生的"杰作"。

秦腔既不"老"也不"土"

4月14日,陕西省委教育工委、省教育厅发文决定,将观看该剧作为教育系统庆祝建党九十周年的一项重要活动,在全省高校大学生中进行推广,从而引导大学生树立正确的价值观。这也是陕西省首次大规模地组织高校学生观看秦腔演出。

"听说是看秦腔,我们宿舍的同学都不愿意来,还打赌最多看半个小时就得'撤退'。结果,我们不光看完了,还看得泪流满面、心满意足,最后大家还写了观后感。"长安大学经济与管理学院2007级本科生小闫说,没想到秦腔还能如此贴近自己的生活,"感觉演的就是我们的生活,太有意思了!"

《西京故事》同样也改变了西北大学公共管理学院学生小翟对秦腔的刻板印象:"以前听秦腔,就一个字——急!一句话拖很长,老是那几出戏,什么《三滴血》《十二把镰刀》之类的,剧情也不太能理解,还审美疲劳。这次真是完全颠覆了我对秦腔的印象,传统和现代的元素结合得很好,凸显了人性的善与美,以后我一定还会到这儿来看秦腔。"

"我是河南人,这是我第一次看秦腔,以前感觉戏曲已经走入了死胡同，今天才知道，现代的戏曲这么动人，能这样走近我们的心灵，引起共鸣。我现在充满了斗志。"西安石油大学化学化工学院研究生小曹表示。

"我大、我爷、我老爷、我老老爷就是这一唱……已经成了我们宿舍的流行曲了，没事大家就哼哼。"西北邮电学院电子工程学院学生小鞠说，剧中反复出现的这几句唱词，已开始在校园中流行。

（原载《中国文化报》2011年5月30日，有删改）

▲《西京故事》巡演结束后与大学生交流

▲与北京的大学生交流

▲在北京举行的庆祝中国戏剧"梅花奖"创办三十周年活动上演出

四

东桥心语

我是怎样塑造秦王的

○ 李东桥

在《千古一帝》（第一部）一剧中，我高兴地接受了扮演秦王嬴政的角色任务。接到剧本后，参考了一些相关历史资料，听取了历史学家讲解秦始皇的个性特征，我对这一人物有了一个轮廓性的了解。秦王是一个雄才大略、屈己纳贤、立志改革、统一华夏的伟大军事家和政治家，但他又是一个年轻、暴躁、缺乏丰富经验的活生生的人。我抓住了人物这些主要特征和基调，着重从人物的外形特别是内心情感上进行琢磨塑造。

在外形上，夸大他的面部特征——浓眉大眼；在动作上，主要表现出帝王的政治气度和复杂的内在情感。我吸收了小生的潇洒、飘逸和须生的沉稳、宁静，又大胆运用了花脸粗犷的体魄来表现这个特定人物的高大形象。

对于内心世界，我主要运用眼神来刻画他独有的个性。震怒时，能出人意料地突然冷静；形势突变、生死攸关的关键时刻，又能表现出胸有成竹、镇静自若的胸怀。

在第二场，一出场，我首先把握帝王的内在气质，在观看六国地图时，运用了一个大幅度的由右至左挥手握拳的动作，表示他要统一六国的决心和理想；步法上沉稳有力，给观众一个举止不凡、颇有雄心气概的视觉冲击。接着，在大将王翦违抗王命未能处决三千囚奴时，我在处理人物感情上，先是表情震惊，然后长吁一口气，蓦地转换神态，欲知道个究竟，强压怒火传尉缭上殿。尉缭披麻戴孝，啼笑无常，并用污言秽语相讥。我想，这时秦王的心情是复杂的，既有恼怒，又有冷静，因之，我便采用了动静结合的手法——阻止嫪毒动怒，洗耳恭听尉缭冒死陈述，以至忍痛割爱，舍弃爱姬——以表现秦王求贤若渴的主导心机。在这些情绪大转折的地方，我主要抓住人物内心活动，观察、静听、赞叹等，而没有采用大幅度的动作起伏，以显示人物非凡的胸怀和独具的个性。

另外，在对母子、兄弟关系的处理上，我尽力从"情"上去做戏，以做到情与理的准确结合，即既注意亲情的表露，又注意到在母亲、弟弟极力反对自己推行新政，妨害统一大业时难以克制的恼怒、气愤的分寸感，并以之贯穿全剧。因之，在第七场，当看到母亲被囚，听闻兄弟被腰斩时，气愤异常，不能自已，怒杀了黑剑。在这里，我主要表现秦王冲动、暴怒的一面。然而，风云突变，得知成蟜造反，错杀黑剑，这对秦王是一个沉重的打击，他一下子醒悟过来。我体会到人物此时悲愤交加的沉痛心情，双手发颤，摔掉铁证如山的竹简，并举剑三砍，刺向公案，以发泄人物憎恨与悔恨交织的复杂心情。在处理哭黑剑的一大段唱腔中，我用痛心疾首作为感情基调，以情代唱，以情传神，以抒发人物对自己过错的自责和对黑剑的痛惜怀念。

嫪毐咸阳叛乱，危机骤起，我主要以静代动，用变化的眼神与简洁的动作来表达人物内心的汹涌澎湃，断然决定誓平内乱，并将参与反叛的生母打入棫阳宫。在此，我着意刻画秦王在斗争的急遽旋涡中，思想逐渐成熟、老练、果断的气质，在语言和表演上，我都做了与前边截然不同的处理。

最后一场是全剧的高潮，是内部矛盾的激化和内外矛盾的总爆发。由于刘代的反间之计，秦王对尉缭产生了怀疑。导演用了一连串的大调度，来表现秦王激烈斗争的心理状态。我分析秦王的潜台词是，在这样的关键时刻，需要仔细分析、认真对待。为了表现人物的状态，我用了花脸的动作造型和须生的神态，既有信，又有疑，既有深思，又有层层剥笋的谋略。根据剧情的发展，去准确地掌握人物思想的不同变化和完成秦王性格的塑造。

以上是自己一点很浮浅的认识，希望得到各方指教，以便使我把秦王这个人物塑造得更有光彩。

1985 年 11 月

▲ "李东桥大师工作室"内景

▲ 著名书法家吴三大先生为"李东桥大师工作室"题字

"梅花奖"获奖感言

〇 李东桥

各位领导、各位来宾、在座的老师和同志们：

首先感谢院领导今天召开这个隆重的庆祝会，看到这个激动的场面，我更加感到不安，我虽然荣幸地获得了第三届中国戏剧"梅花奖"，但这个荣誉不是属于我个人的，这是全体同志努力的成果，是大家良好的艺术合作得来的，这枝梅花是老师的汗水、心血栽培才盛开的，没有领导的关怀和支持，没有老师和同志们的帮助，没有这样一个好的艺术合作队伍和阵地，我自己是什么也做不出来的。今天借此机会让我对关心、培养我的各级领导和所有老师，对热情扶持我的所有宣传、新闻界的老师表示最真诚的感谢。

我到剧院一年多来，在思想和艺术上都取得了一定的成绩，然而走过的路并不是一帆风顺的。是在老师们的帮助下，我才克服了种种困难，渡过了难关，完成了任务。因此，整个《千古一帝》剧的排演过程也是我逐步受到教育、得到提高的过程。我清楚老师和领导都对我寄予很大的希望，在工作中也给了我很多的关怀和帮助，当我取得了一定的成绩时，又给了我这么高的荣誉，如此器重我，使我很受鼓励，也使我感到自己今后的责任重大。这次赴京颁奖见到了不少文艺界名家，看了一些好戏，很受启发，也长了见识，找到了自己的差距。在今后的艺术道路上，我要认真总结经验，发挥自己的长处，不断钻研、不断探索，做出更好的成绩，塑造出更多、更出色的舞台形象来。

1986 年 4 月

浅谈卢巴克的性格特征

○ 李东桥

我自从在秦腔《千古一帝》剧中扮演秦始皇并获得"梅花奖"后,总想在此基础上继续努力,为振兴秦腔做出更大贡献。可由于种种原因,一时未能如愿。1992年,我院华剧团拟定排演一部根据芬兰著名女剧作家英格丽·基尔皮伦的同名话剧移植改编的华剧《真的,真的》,并邀我担任剧中男主人公卢巴克。面对这项创作任务,首先碰到两大难题:一是剧种(主要是唱腔)截然不同,必须从头学起;二是现代剧,而且是西方风格,同样要从头学起。这些问题无疑增加了创造角色的难度,可自己又不愿意失掉这个加强舞台实践的良机。我欣然接受了这个具有拓宽戏路、大胆探索的光荣任务。

大家知道,塑造一个舞台艺术形象,所涉及的方方面面很多。此文仅就我对卢巴克的性格特征的理解谈点个人浅见,望同行、专家指正。

在反复阅读剧本之后,我认为,《真的,真的》是原剧作家发挥想象，虚构了一个女权制社会中发生的荒诞故事，它具有丰富的内涵和深刻的现实意义。剧中的教会规定，在这个国家里，每一个女人可以娶四个丈夫。卢巴克这个青春俊美的少年恰恰为"该村最富有、最受人尊敬的"年逾花甲的老贵妇阿格法看中，并要娶他为自己的第四个丈夫。而卢巴克的母亲则是这种社会制度的虔诚支持者和拥护者，她也认为自己的儿子已到了结婚年龄，应该嫁给阿格法，她以教会的规定和传统习俗硬逼着儿子答应此事。婚后，卢巴克一面采取各种办法和老贵妇软磨硬顶地周旋，一面和自己的意中人利利娅热恋幽会，在"凉亭"相会时却被奸刁的第三个丈夫发现，并向阿格法揭露出来，又偷偷向教会告发。教会认为卢巴克亵渎神明，不可饶恕，决定判处其极刑——以乱石砸、用火烧死。卢巴克为追求自由爱情，面对死神不低头、不退缩、不畏惧强暴，终于使他的纯真精神在熊熊烈火中冉冉升起。

剧本以北欧的风土习俗为背景，而卢巴克对爱情追求的心态却和东方人无多大差异。我喜欢这个剧本，更喜欢卢巴克。他在剧情的发展中总是处在矛盾冲突的顶端，动作性强，很有戏。一种强烈的二度创造的欲望和力量促使我很快展开想象，进入了对人物的分析和设计之中：卢巴克聪明、英俊、机智、潇洒，对爱情真诚执着，而他的性格特征正如剧中所说"像一匹发狂的种马桀骜不驯"，我认为应该紧紧抓住"桀骜不驯"这四个字给予突出，对揭示人物的内心世界是极为重要的。

任何事物都是在不断地发展变化，而一个人的性格当然也绝不是单一的、一成不变的，他总是以某种特征为主，由于主客观的变化影响而表露出多样的性格侧面，这样的人物就真实可信，而单调地表现人物则显得扁平化、刻板化，人们常常形容某某人粗中有细就是这个道理。因此，我认为，卢巴克一开始是一个天真可爱、无忧无虑的少年，有朝气有活力，风度翩翩。当他的母亲要他出嫁，并嫁给老贵妇阿格法时，他犹如炸雷轰顶，至死不依。他的母亲便向他反复劝说，在这个国家里，一切都要服从教会的旨意，谁也不敢逾越法规。他受到控制，身不由己，屈服了母亲，忍受着教会、神权的束缚，这表现了卢巴克性格中脆弱的一面。从而他对这个特定的国度有了一种新的认识和经历，今后的路如何走，将是他进一步展现性格的条件。

在他和老贵妇举行的婚礼上，一切仪式都进行完毕，他意外地遇见了打小就认识的姑娘利利娅，这便使他性格中潜藏的"不驯"又在新的条件下再次蠕动起来——他不愿意牺牲自己的青春、理想、爱情去陪伴一个虽然有权有势但和自己极不般配的"昏鸦"，因此，结婚给予他的只是更为沉重的压力和思索，他失去了自由、向往，成了老贵妇借以发泄情欲的玩物和工具。当他在桃园会见前三个丈夫后，不仅了解了老贵妇的过去和现在，而且了解到前三个丈夫每人的不同处境，卢巴克从中也看到了自己的未来，他不愿忍受这种名为丈夫实为奴隶、今为玩物明为仆人的生活，可他无力改变，只是采取了不同策略，为未来创造条件。在卧室一场，他和阿格法明显地表露出貌合神离、各揣心腹事的心态：一个极力以半老徐娘的风韵和魅力来拉拢、诱惑卢巴克投入自己的怀抱，满足自己的情欲；另一个则手抚琴弦，深情怀念自己的情人利利娅，回味着他们在一起时的卿卿私语、轻轻亲吻。从这里，卢巴克的性格又进入一个新的层次，即为了摆脱眼前迟暮的老贵妇的纠缠和陈腐不堪、使人窒息的所谓富豪生活，他改变了对抗的方式，机灵地利用"一个建议"——把贵妇桃园中已经成熟的桃子运到下游，高价出售来取悦她。一开始，老贵妇并未让卢巴克如愿，可她又有些半信半疑。卢巴克没有丧失信心，他继续进攻，奉承、吹捧老贵妇，使她飘飘然然，而且表示，不但要她保持沾沾自喜的"地毯皇后"的垄断地位，还要因为桃子外运赚大钱，使她成为"仙桃皇后"。这种方式使老贵妇神魂颠倒，忘乎所以，不仅高兴地采纳了卢巴克的"建议"，而且为使这个建议能真正实现，她破例答应卢巴克可以单独回家向其姐姐学习外语。卢巴克成功了，终于摆脱了老贵妇的纠缠，赢得了与利利娅相会、倾吐衷情的机会，这无疑是卢巴克性格发展的一大推进。

然而，世间没有一帆风顺的事情，挫折、困难、不利因素总会在难以预料中出现。卢巴克毕竟年轻，思考也未必周全，往往在顺利时忽略防卫经验，尽管他了解到第三个丈夫的身世经历和遭遇——因为与情人藕断丝连，被教会阉割，变成了阴阳人，从而对人、对事、对人生充满了变态的憎恶。但卢巴克未能看清并提防此人，因此在他和莉莉娅私会，商定借外运桃子的船只一起逃走时，被第三个丈夫发现，而且捡到了他俩准备外逃又丢失的"纸条"，这便把卢巴克推到了十分被动的境地。第三个丈夫手握"纸条",如获至宝,急忙向老贵妇揭发。开始她并不在意,甚至认为第三个丈夫是在嫉恨卢巴克,可当这关键性的"纸条"置于她当面时,老贵妇才发现自己受了这小丈夫的欺骗,她怨自己"打开栅门丢掉羊",她更不理解,自己金银满箱,却为什么换不来小丈夫一丝丝真情心肠。于是她恼羞成怒,她誓要以一个女人的"坚强",像尖刀一样残忍,把欺骗、伤害自己的卢巴克死死地控制在自己手中,让他和前三个丈夫一样尝尽苦头,倘若不从,她将以"纸条"为证,置卢巴克于教会、神权压力之下。在这女权制的社会中,她有权报复背叛自己的任何人,眼前的靶子便是卢巴克。在这段戏里,卢巴克和老贵妇阿格法的对立冲突是极其尖锐激烈的。阿格法指责卢巴克是草丛里的毒蛇,一直在说谎背叛。而卢巴克则毫不掩饰,勇敢地承认:"我一开始就背叛了,我被迫跟你结婚时,不认识你,也不爱你。"这是老贵妇万万没有料到的,于是她在无言以对之际,不得不质问卢巴克:"你一点也不记得你结婚时发的誓言吗?""誓言不是从我嘴里发出的。"卢巴克的回答显然是在和教会对抗。老贵妇气急败坏地大喊大叫:"誓言就是誓言,你应该受到惩罚,现在这个国家的惩罚是严厉的,难道你不害怕?"卢巴克平静地回答:"是的。"卢巴克之所以如此临危不惧,敢于和权贵刀对刀、枪对枪地较量,是因为他从与利利娅的爱情中获得了力量,他知道事情已经败露,于是毫无顾忌,公开承认,真正的爱情能使胆小鬼变成勇敢的人,使勇敢的人敢于大胆地冒险,所以,他和老贵妇的冲突便顺理成章了。他的严正辩驳不仅没有让老贵妇捞到任何救命稻草，相反，阿格法从思想、信仰、精神上逐渐开始败退。当第三个丈夫向教会密告卢巴克，且被女剑客带走之后，这表明卢巴克将面临死亡，其性格又将得到一次升华。

教会因卢巴克亵渎神圣而予以严惩时，善良的人们要求宽恕他，教会则要看他是否真正忏悔。所有的人几乎都在劝说卢巴克，为了这个国家的法规、教会的尊严，应当低头、屈服。卢巴克则大声疾呼："亲人们，爱情不是过失！"而且决意"生为爱歌唱、死为情颂扬，如果世间没有爱，就像太阳没有光，好似湖中没有水，好似玫瑰无芬芳，如果我们没有爱，想一想生活将是什么样？"卢巴克为爱情而死，视死如归，大义凛然，多少人为他申辩，甚至连那位老贵妇也恢复了良知，公然承认"是我娶你害了你"，要付出全部家产为卢巴克赎罪并成全他。但这些也都未能挽回教会"立即惩处"的决定，卢巴克怀抱着对爱情的忠贞走完了他短暂的一生，他的性格发展是完美的，其精神内涵、给予人们的思考也是长久而深远的。

作为一个演员，深刻地理解人物，其目的就是要更好地表现人物，进而引起观众的共鸣和认可。在《真的，真的》一剧中，就塑造卢巴克的形象（主要指表演）而论，我的体会是，既不生搬硬套，盲目模仿西方人的外形动作，也不墨守成规，拘泥于自己熟悉、习惯的戏曲表演程式，而是兼收并蓄，通过反复地排练、感受，大胆地尽一切努力使两者相互借鉴、相互补充、相互渗透，最终达到自然的统一。这样一来，卢巴克的形象塑造——性格特征的体现，既能适应中国观众的审美情趣,又能使外国观众的欣赏习惯得到满足,形成卢巴克独有的表演风格。实践证明,这种尝试是完全可取的,原剧作家英格丽·基尔皮伦之所以对该剧及卢巴克形象表示十分欣赏,主要原因就在这里。

1994年2月

秦腔，不悔的选择

我的艺术求索之路

○ 李东桥

　　一个人的成长史在于他在不断地选择与创造中所完成的自己的作品。没有人是完美的，但每个人都可以向着完美努力。回顾我的艺术求索之路，我正是在这样对自己的要求与警策之下一步步走过来的。咬定青山不放松，为伊消得人憔悴。秦腔就是我的生命，我毫无保留地将全部心智交给了它，而它也给我的生命带来了精彩。

　　粉墨生涯三十余载，我先后在秦腔古典戏《谢瑶环》《游西湖》《恩仇记》《黄鹤楼》等二十多个剧目中担任主要角色。《千古一帝》《太尉杨震》《真的，真的》《留下真情》《杜甫》……一部部作品，一个个鲜活的艺术形象，是我执着地抒写自己艺术人生的写照，也是我向三秦父老交上的答卷。

　　天道酬勤，在我的勤奋和努力下，荣誉一次又一次眷顾着我，向我投射下灿烂的光环。我先后荣获全国戏曲观摩演出一等奖、第三届中国戏剧"梅花奖"、1991年西北五省区民族戏曲邀请赛主演一等奖、第一届中国戏曲"金三角"交流演出优秀表演奖、1997年中宣部精神文明建设"五个一工程"奖、文化部文华新剧目奖、2000年首届秦腔节优秀表演奖等。历任中国戏剧家协会理事、陕西常务理事，陕西省戏剧家协会副主席，陕西省文联委员，陕西省政协委员，陕西省对外文化交流促进会理事，陕西省戏曲研究院艺术总监等职务。

苦练基本功，一片心血灌艺苑

1961年12月26日，我出生于陕西户县玉蝉乡水亭村。在那动乱的年代里，我还是一个少不更事的孩子，但在我幼小的心灵里，早已萌生了对陕西地方戏曲秦腔的热爱。这种爱随着时间的推移，渐渐融入了我的骨髓和血液里，近乎到了痴迷的境界，让我怎么也无法释怀。终于，我离开了课堂，走上了背粮学艺的道路。1974年，十二岁的我开始学艺，工文武小生。在剧团演员训练班里，我早起晚睡，喊嗓子、压腿，苦练基本功。进入剧团，有了专业老师的指点和良好的艺术氛围，我更加贪婪地吮吸艺术的乳汁。戏是苦虫，"吐字不清，道字不明，等于钝刀子杀人"。为了练就一副好嗓子，开始正规学戏的我每天三更灯火五更鸡地苦练，反复多遍地念。为了纠正吐字发音，我经常曲不离口，不管走路、吃饭，都哼着、想着、揣摩着，非到满意不善罢甘休。在练好行当基本功的同时，我还抓紧一切时间苦练文化基本功，经常有意识地广泛涉猎文学书籍，精心研读专业理论，不断强化自己的文化积淀和艺术修养，以增强自己对艺术真谛的理解力、对戏曲表现的感悟力、对人物塑造的创造力。这些都为我以后的艺术生涯打下了坚实的基础。在户县人民剧团，我先后塑造了《智取威虎山》中的杨子荣、《黄鹤楼》中的周瑜，《杀狗劝妻》中的曹庄、《三岔口》中的任堂惠、《断桥》中的许仙、《夜光珠》中的王振帮、《五典坡》中的薛平贵、《奇婚记》中的薛清乾、《沣河营》中的刘章、《金琬钗》中的芦充等人物，很多都获得了观众的好评。1978年，在咸阳地区青年演员会演中，我因较成功地塑造了《杀狗劝妻》中的曹庄这一形象，而荣获了表演二等奖。

1984年的金秋，我跨上了人生和艺术的新台阶。我被调入陕西省戏曲研究院，参加《千古一帝》的排练，并主演秦王嬴政。这对我而言，不仅是一个极好的机遇，更是一次前所未有的巨大挑战。这个两千多年前的帝王形象塑造任务，落在了一个年仅二十二岁的青年人身上，实在是一个千载难逢的良机，很多人都梦寐以求，我自然是极度兴奋。但兴奋之余，内心的担忧和恐惧自不待言，感觉压力异常得大。我来自地方剧团，而陕西省戏曲研究院素有西北戏曲最高学府之誉，藏龙卧虎，人才济济，我有能力胜任吗？但天性倔强的我不愿意退却，欣然地接受了这一富于挑战性的角色，力求把秦王这个人物塑造得更有光彩。然而彩排演出后，却听到了许多批评和议论。年轻的我开始怀疑自己是否能够承担起如此重任。值此关键时刻，剧团的领导和编导多方鼓励和支持我增强信心、打消顾虑，帮助我分析理解人物的个性，使我较好地抓住了人物的主要特征和基调，我便从人物的外形到内心情感全面入手进行了琢磨塑造。在外形上，夸大人物的轮廓；在动作上，主要表现出帝王的政治气度和复杂的内心情感。我吸收了小生表演的潇洒飘逸和须生的沉稳刚劲，又糅进了花脸粗犷而幅度较大的动作，从多方面塑造了秦王这个特定人物的高大形象。

在众人的努力下，《千古一帝》终于"修成正果"，赢得了观众和专家学者的关注与好评。1985年12月，《千古一帝》进京演出，轰动京城，囊括文化部举办的全国戏曲观摩演出的十一个单项奖，这是秦腔第一次在全国获大奖，《人民日报》《中国日报（英文版）》《光明日报》《陕西日报》《青海日报》等撰文，对我的表演大加赞赏。《人民日报》载文："秦始皇的威武形象，看了令人回肠荡气，振奋不已。"1987年，《千古一帝》又被西安电影制片厂拍摄成大型戏曲艺术片，后又在西安连演一百多场，近乎风靡全国。1992年，中日邦交正常化二十周年之际，应日本文化财团邀请，《千古一帝》赴日进行文化交流演出，在日本东京、横滨、福冈、大阪、京都府、名古屋、仙台等十四个城市巡回演出二十六场，场场爆满，轰动扶桑，书写下了秦腔在新时期的辉煌历史。《千古一帝》的成功，成为我演艺生涯的重要里程标志，我因成功扮演了秦王而获得全国戏曲观摩演出主演一等奖，并荣获第三届中国戏剧"梅花奖"，首次在全国获得双奖的待遇，同时成为西北秦腔界的第一枝"梅花"。

《千古一帝》诸多荣誉的获得，给了我莫大的鼓励与鞭策，也更加坚定了我把对艺术无止境的追求当作自己生命全部的信念。在艺术的道路上，我虽一步跨越了几个台阶，但我并未被荣誉负累，我清醒地认识到，自己的功力和知识还很浅薄。这只是一个新的起点，我还很年轻，脚下的路还很长。我将以此为契机，乘载着这条艺术之舟乘风破浪，披荆斩棘，去开辟我事业之路的新航向。

拓宽演出领域，努力更上层楼

我自从在秦腔《千古一帝》剧中扮演秦始皇并荣获"梅花奖"以后，总想在此基础上继续努力，为振兴秦腔做出更大贡献。1992年我院华剧团排练了一部根据芬兰著名剧作家英格丽·基尔皮伦的同名话剧移植改编的华剧（即碗碗腔）《真的，真的》，邀我担任剧中男主人公卢巴克。面对这个演出任务，我首先碰到了两大难题：一是剧种（主要是唱腔）截然不同，必须从头学起；二是这个剧是个现代剧，而且是外国风格，同样要从头学起。固然这些问题增加了创造角色的难度，可自己又不愿失掉这个加强舞台实践的良机。我欣然接受了这个具有拓宽戏路、大胆探索的光荣任务。为了饰演好这个角色，我既不生搬硬套、盲目模仿西方人的外形动作，也不墨守成规，拘泥于自己熟悉、习惯的戏曲表演程式，而是广收并蓄，通过反复地排练、感受，大胆地尽一切努力使两者相互借鉴、相互补充、相互渗透，使这一形象既能适应中国观众的审美情趣，又能使外国观众的欣赏习惯得到满足，形成卢巴克独有的表演风格。演出后，这种既有异国情趣又具碗碗腔特色的表演方式得到观众的认可。原剧作家英格丽·基尔皮伦对该剧卢巴克的形象表示十分欣赏。《真的，真的》也荣获第一届中国戏曲"金三角"交流演出一等奖，1994年5月，赴芬兰演出大受芬兰观众及艺术界欢迎。

艺术之涯无尽，人生探索不止。2002年，我接受陕西电视台的邀请，出演首部秦腔八集连续影视剧《山里世界》中的男主角。《山里世界》是由中央电视台和陕西电视台合拍的首部秦腔现代电视剧。该剧以西部大开发为背景，通过春兰、春花两姐妹不同的人生经历，表现了盛产美玉的大玉山人脱贫致富的过程。《山里世界》作为首部秦腔电视连续剧，与以往一个折子戏、一本戏单个推出不同，此次秦腔是大规模、连续性地掀起一场持续八集的"冲击波"，将向全国观众展示一个完整而全新的秦腔，意义自然非常重大。为了完美地呈现出人物的情感意蕴，我在表演中借鉴话剧和影视的表演技巧，纵向开掘，横向借鉴，跨越行当的限制，将平面、简单的行当化表演，让位于有血有肉、立体丰满的人物塑造，在跨领域的演出实践中，使自己的表演水平更上层楼。演出后，我扮演的这一人物形象获得了广泛赞誉，在全国产生了较大影响。

我时刻警策自己，要博采众长，不断开拓戏路，不管是秦腔、眉户、碗碗腔，还是影视剧，无论正面人物抑或反面人物，我都乐于去尝试，以丰富自己的舞台实践经验，拓宽自己的演出领域。数年来，我先后在新编秦腔历史剧《千古一帝》（第二部）中饰秦王嬴政，在新编眉户现代戏《留下真情》中饰金哥，在新编秦腔历史剧《蔡伦》中饰蔡伦，在与著名秦腔表演艺术家郝彩凤合作演出的《游西湖》中饰裴瑞卿，在与著名秦腔表演艺术家郝彩凤、李瑞芳合作演出的《恩仇记》中饰邓秉儒，在与著名秦腔表演艺术家贠宗翰合作演出的《赵氏孤儿》中饰赵朔，并与著名秦腔表演艺术家马友仙合作排演了《三堂会审》，饰王景龙，与著名秦腔表演艺术家杨凤兰合作拍摄了电视艺术片《王宝钏》，饰薛平贵。这些角色分别获得观众和专家的好评及嘉奖。

突破角色限制，不断求新求变

对于一个演员而言，仅仅演一类角色是不够的，始终想有点作为的我，不愿意在演艺生命中只是在一类角色上进行数目的积累，我希望突破已有角色的限制，在不同的时期里呈现不同的人物形象，进行一种交叉创作。2005年我院大型新编秦腔历史剧《杜甫》出炉，第一次以戏曲的形式将"杜甫"这一形象展现在舞台上，这无疑是一个崭新的领域。而演绎这样一位"诗圣"光辉而复杂的悲剧人生，对我来说不啻是攀登一座遍布荆棘的山峰，具有相当的难度。昔日曾经在我的创作经历中打下深刻烙印的演艺经验，此刻在杜甫的面前，显得是那么的苍白，根本没有可资借鉴的摹本，我面对的是一个与以往角色性格反差极大的新的尝试。但是，艺术的生命正在于新，只有不断求新、求变，艺术才能发展。这个"新"的目标正好给我提供了一个突破既有角色塑造限制、实现艺术人生新的跨越的机遇。我跳出《千古一帝》《太尉杨震》的框架，走进了《杜甫》的精神世界，力图创造出一个个性独具的新的艺术风格，实现我表演风格的一变。

重压之下的我被激发出了强烈的创造热情和欲望。我迎难而上，进行了全方位的准备：为了深刻领会杜甫的思想内涵，把握人物的命运脉络，我阅读了三个不同版本的《杜甫传》；为了颖悟杜甫的精神气韵，感受人物的愤怒与悲哀，我通读了杜甫的传世诗作，并背诵了其中代表性的名篇；为了尽快熟记剧本诗化的台词，我将之密密麻麻地写在手臂上；为了熟练掌握须生的表演程式，我每天在排练场苦练身段、技巧，从小生到须生再到老生，跨行当的技能体验与呈现；为了表现人物极度悲愤的心情，我设计了一个挣扎着爬向台阶的动作，磨得双腿一片青紫；为了找到表演的最佳方案，我常常苦思冥想到深夜，并将妻子从睡梦中唤醒，让她充当第一个观众……经过艰苦的努力和编剧、导演的帮助，我攻克了知识储备、行当技巧等一个个堡垒，渐渐领悟到了杜甫之"魂"。

在具体表现杜甫之"魂"的过程中，我将人物的塑造分解为四个层次。第一，杜甫与好友足临泰山，意气风发，"会当凌绝顶，一览众山小"，表演中我注意区别杜甫与李白的不同——李白飘逸出世，而杜甫沉稳内敛。不用大幅度的动作和夸张的表情，只以吟诗来表达诗人气吞山河的气质。第二，杜甫沦落街头卖药，腹中无食，却保留着文人的自尊和清高。娇娘出现，杜甫无力相助，在深深的无奈和悲凉中沉湎于饮酒。通过这一层次，着重表现杜甫由充满激情、自信到失意、落魄，对现实产生怀疑、不平的心理流程。第三，幼子夭亡，战乱被俘，好友变故，国破家亡。诗人屡遭不幸，却慷慨悲歌，写出了"三吏""三别"等一生中最重要、最精华的诗篇。这几场戏中，我用饱满的情绪、激昂的唱腔、大幅的动作身段、髯口及戏曲独特的程式给予全力表现，并从"杜甫草堂"专题电视片所播放的杜甫雕像中得到启发，提炼出了最能体现诗人内心情感的动作——双手高举，抬头怒目向天，将之赋予角色，收到了逼真、生动的效果。最后，杜甫耄耋暮年，流离失所，却巧遇娇娘，皇帝赐官。诗人决心焚诗稿、赴官任之时，娇娘以死相谏，令他大喜大悲，再次经受心灵煎熬。在处理这场戏时，我力争表现杜甫精神的游离、心灵的挣扎、情感的大开大合，到最后幡然醒悟的转变过程。在娇娘投江后，我设计了爬上台阶、爬向江边的动作，将一位老人的悲恸之情展露无遗。最后，以"文章不为轻薄事，笔墨只哭百姓忧。纵然是酒泉老骨朽，也要把酒放歌喉！"的唱词将全剧推向了高潮。

新、旧戏曲表演艺术的本质区别在于，后者以行当来区分，而前者则因人物来区别。历代优秀演员始终在突破行当的束缚中演活了人物，也进而丰富了行当的表演。我在饰演杜甫这一人物形象时，也努力做到不简单地套用行当，而是演人不演行，让行当的特色为人物的特点服务。付出终有回报，杜甫的出色表演，为我带来了事业上的又一次高峰。该剧一经上演便好评如潮。省委领导在观看《杜甫》后，如此评价道："李东桥作为《杜甫》的主演，我认为他演得非常成功，非常到位。从青年时代的杜甫'会当凌绝顶'到晚年的杜甫'茅屋为秋风所破歌'，表演得非常成功。这是演员的魅力，也是秦腔的艺术魅力。"《杜甫》于2005年参加"西北五省区秦腔艺术节"，荣获"优秀剧目奖"第一名，我获"优秀表演奖"；参加第四届陕西省艺术节，再获"优秀剧目奖"，我获"最高荣誉奖"；2006年，作为西北唯一一台剧目应邀参加"北京国际戏剧演出季"，获得社会各界的广泛好评。每当演出结束，掌声如潮水般袭来时，我便难捺心灵的激荡，任泪水奔涌而出，恣意流淌。这泪水，浸透着我收获的喜悦、成就的艰辛，也饱含着我能给戏曲画廊增添又一厚重的人物形象的欣慰，以及对观众的感激之情。

光阴荏苒，转瞬已过不惑之年，历经了漫长而艰辛的艺术生涯，我依然苦苦追求戏曲艺术的真谛，始终无怨无悔。对于我所从事的秦腔事业，我倾注了几乎所有的心血和热情，用迷恋和痴情培育着我挚爱的艺术，用责任和使命守护着我献身的艺术。现在，我已经走上了陕西省戏曲研究院艺术总监的岗位，感觉自己肩上的责任更重了，我将不遗余力地扛起振兴秦腔这面大旗，在终其一生的奋斗中将秦腔这一民族传统艺术薪火相传、发扬光大。

2007年7月

一次可遇不可求的大幸：我演罗天福

○ 李东桥

对于一个演员，遇到能震撼人心灵的剧本不容易，遇到能开启人心智的导演也不容易，这两者只占其一就已经是一种幸运，而《西京故事》把好剧本、好导演占全了，这不能不说是我三十多年从艺生涯中一次可遇不可求的大幸了。

对于一个来自黄土地的西北地方戏演员，戏能够演到大上海，不容易，演得能够让上海人听懂看懂，更不容易。而《西京故事》在上海的演出，不仅被上海观众接受认可且给予了高度赞誉，这不能不说是我有限的人生见闻中少有的现象。

在逸夫舞台两个多小时的演出里，那个城中村大杂院在时代进程中所发生的故事，以及罗天福一家四口和他们身边的各色人等，牢牢地抓住了观众的心。主题歌"慷慨激昂还有点苍凉"的铿锵旋律，为社会急速变革时期处于迷茫中的人们，展现了中华民族特有的持守和坚定，唱出了人们心中久违的豪情。内涵深邃、气势恢宏的《西京故事》，以它超越东西部地区差异、南北剧种差异的优良品质，令全场不同身份、不同阶层的观众为之心动，掌声、叫好声此起彼伏，仅我饰演的罗天福教育儿子的一段唱，每天都会赢得七八次热烈的掌声。观众毫不吝惜的热情、毫不掩饰的感情都强烈地激励着我，使我深深地沉浸在剧情之内，融化在现场的激情之中。演出结束后，我们演员谢幕时，上海观众跟着秦腔音乐的旋律、节拍哼唱着剧中的主题曲，一时间，台上台下、南方人北方人情感交会，情景交融，令人生发出无限的感动和感慨……

其实，秦腔剧目应邀赴上海进行"西部文化东部行"演出，已不是第一次了。近年来，上海国际艺术节以其自身的地位与规模吸引了国内外一流的音乐、舞蹈、戏剧等各种形式，在海内外文化界和广大人民群众心目中的影响越来越大，已经成为国际艺坛极具品牌效应的著名艺术节之一。与此同时，我们陕西省戏曲研究院佳作迭出，也引起了上海国际艺术节的关注，诸多精品剧目受邀参加艺术节，取得了不俗的成绩。2008年青春版秦腔历史剧《杨门女将》惊艳亮相第十届上海国际艺术节，荣获"白玉兰表演艺术集体奖"；与《西京故事》一起被誉为"西京三部曲"的《迟开的玫瑰》《大树西迁》，也曾先后登上上海舞台；至《西京故事》此次参演第十三届上海国际艺术节，我院现代戏"西京三部曲"已悉数亮相沪上戏剧舞台。

上海剧协专门为《西京故事》举办了研讨会，与会专家在发言中给予我们极高的评价，给了我们很大的鼓励，特别是对我个人在剧中的表现予以极大的肯定，使我感到受宠若惊，不禁诚惶诚恐。以我个人的一己之力，能使上海观众、专家对秦腔有所了解并有点喜爱，对《西京故事》产生共鸣，我深感荣幸。

我接触《西京故事》剧本很晚，那时已接近进场排练阶段，导演甚至已经确定了。此前仅知道我将要饰演的，是一个为了供养一双上大学的儿女而从农村进城谋生的普通老人。二十三岁就以《千古一帝》中的秦王嬴政一举成名并荣获陕西戏曲演员中第一个中国戏剧"梅花奖"的我，通常扮演的都是帝王、名士等彪炳千古、气概非凡的人物，如何能够成功变身为社会弱势群体中的一员，自己心里着实没有底，却也怀有一丝跃跃欲试的期待。等到读完剧本，我立刻大动感情，受到了极其强烈的震撼。罗天福是一个平凡的小人物，他善良厚道、勤劳朴实，知书达理、乐观向上，集中华美德于一身，称得上是一位伟岸的大丈夫，但也绝不是不食人间烟火的高大全式人物，而是似乎生活在我们身边的让人倍感真实亲切的老人。他的形象，寄托了剧作家对普通劳动者深沉的挚爱，对以诚实劳动获取回报的这种人生态度的敬仰，他的个性同时也给我提供了极大的想象空间，激起了我的创造热情。

当过民办教师、村长的罗天福，在儿女双双考进名牌大学的得意之中，带着对新生活的憧憬，怀着开辟新天地的豪情走进了西京城。他是儿女们慈爱祥和的父亲，也是耿直硬朗、说一不二的一家之长；他是靠打饼谋生的进城务工人员，也是村里乡亲倚仗的靠山。对人，他宅心仁厚；对己，他克勤克俭。这样一个对生活充满热情的老人，却在无情的社会现实生活中屡遭重挫：房东的鄙视猜疑刺激着他，城市的喧嚣嘈杂挤压着他，儿子人生观价值观迷失导致的厌学逃跑，更让他感到气恼绝望，以至于心境从巅峰跌入低谷，精神几近崩溃。

"我大、我爷、我老爷、我老老爷就是这一唱，慷慨激昂，还有点苍凉。不管它日子过得顺当还是恓惶，这一股气力从来就没塌过腔……"伴着那黄钟大吕般的咏唱，随着守望大树、珍重传统的信念进一步坚定，罗天福对人生价值和生命意义都有了更加深刻的理解，中华民族最本质、最朴素、最光彩的精神信仰得以重新确立，他洋溢出一种正气凛然的人格尊严，迸发出一股足以征服心态失衡的儿子罗甲成心灵的巨大力量。在剧情的起伏跌宕之中，剧作者陈彦打开了罗天福的心灵，导演查明哲也引导我融入了角色的生命。

从 2011 年过完年开始排练，到《西京故事》搬上舞台一口气演出近一百五十场，我就像被罗天福灵魂附体，心情一刻也没有平静过。面对着捡拾垃圾积攒学费的女儿，亦为人父的我感同身受，心疼得无以复加；"给天，给地，给世事，给儿子投降了"时的双膝一跪，我的眼前便会浮现出父亲的身影，那是一位与罗天福同样憨厚朴实的农村老人……罗天福牵着我哭、牵着我笑，引着我忽而激昂、忽而酸楚。过分的投入使我顾不得演唱的技巧，顾不上形体动作的修饰，心中纠结，情感奔突，血脉偾张，眼泪止不住地流——我被他所彻底吞噬，完全忘了自己，也根本意识不到是在演戏。每场都要忍不住哭三次，消耗了我的气力，嘶哑了我的嗓音。为了表现罗天福"三次断裂三次接拢的脊梁"，我每天腰椎弯曲，以至于每每抬肘都感觉手臂战栗指尖发麻……我沉浸在罗天福的精神世界里无力自拔，难以控制自己的情绪。曾经有朋友好心告诫我，戏不能这么演，这样太伤自己。其实我何尝不深有同感，可是让我以旁观者的心态冷静地去塑造罗天福，我真的做不到。

目前演出虽然告一段落，罗天福与我却从未分离，我们正在精雕细刻，认真修改，为3月份进入国家大剧院演出进行必要的准备。听着演出期间的录音，我寻找着自己在塑造人物中的不足，而间或爆发出的阵阵掌声，也令我不禁感慨：作为演员，创造的人物形象能得到社会各界的认可和专家的肯定，更重要的是能在戏曲舞台留下自己的印痕，那是一件多么幸福的事情！虽然很累，但我也很享受、很满足。

（原载《上海戏剧》2012年第3期）

与罗天福一起拼搏共同担当

○ 李东桥

秦腔现代戏《西京故事》,让我明白了什么样的作品才能真正受到老百姓的欢迎。紧贴大地,尤其是贴近最广大平民阶层,直逼他们在精神与物质、理智与感情撕咬中的苦痛心灵,从而打压出能够透视时代本质的艺术琼浆,这当是现实题材文艺创作不甘边缘、勉力进取的重要出路。

《西京故事》讲述了一群生活在西京城里的普通人的故事。曾担任过民办教师、村长的罗天福,拥有一个让全村人羡慕的四口之家。老两口善良宽厚,开朗乐观,并身怀打饼绝技;一双儿女好学聪颖,先后考入西京城中的重点大学就读。为托举前途无量的儿女,作为一家之主的罗天福决定背井离乡,到西京城打工赚钱,供孩子读书。刚刚从大山中走出的罗天福一进城,便经受了城乡差别、贫富差距、观念差异带来的巨大冲撞。于是,在农民工与城市市民之间,罗家父子两代人之间,自尊自强、明朗清纯的甲秀与急于求成、虚荣逞强的甲成姐弟之间，发生了一系列激烈的矛盾冲突。作品通过农民工在城市虽机会多多却也困难重重的生活境遇，揭示了在时代大潮裹挟下这个特殊的城市社会群体的生存状态，并由此演绎出世间百态、市井风情，凸显出各色人等鲜活生动的个性，艺术地再现了罗家两代人进入城市后寻梦、圆梦的心路历程。

作为剧中着力塑造的主要人物，罗天福归属于农民工的范畴，但他又不是一个单纯意义上的农民工。他曾是一个优秀称职的民办教师，还当过握有一定权力的一村之长。他拥有追梦幸福的理想，更具备中华民族优良的传统道德。他是那样的宽厚善良，又是那般的坚毅刚强。他的细胞里跳跃着赤诚的因子，他的血液中流贯着永恒的守望。他是一个伟大的父亲，更堪称一个民族的脊梁。在这个人物身上，寄托着作品对理想化人格的坚守与追求，对农民工群体深沉、真挚的人文情怀。在秦腔《西京故事》里，作者巧妙地用主人公罗天福作为象征，让我们警觉支撑着中华民族的历史与现实、今天与明天的千千万万普通民众内心中那种朴实的伦理的当代意义，正是由于他们对那些深深镌刻在民族文化深处的伦理道德价值的坚守，中国的脊梁才始终挺立不倒。构成这一屹立在世界东方的脊梁的，不仅有历史上那些慷慨悲歌的英雄人物，还有像罗天福这类的普通平民，他们用自己对人生、对命运始终不渝的信念，从普通人的角度，书写着"人"的内涵与意义，同时完成了自己的人格塑造。

《西京故事》是一出贴着老百姓心窝窝写的戏，从3月8日首演至今，已演出一百二十三场，前来观看的观众达十余万人，产生了巨大的社会影响，中央领导、陕西省领导纷纷入场观看指导，文化部、中国剧协、上海市文联、中共陕西省委宣传部等分别在北京、上海、重庆、西安召开六次专家研讨会，好评如潮，机关单位包场连连不断，特别是大学生专场，场场火爆，台上台下应呼如潮，农民工兄弟也情深谊长写来感谢信。人们被作品深深地打动之后，是认真地思考，人们从戏中看到了责任、期望和担当。

《西京故事》汇聚在罗天福这个人物性格方面的复杂性、多重性、深厚性，是相当难把握的。我深知要演好演活这个人物的不易。我调动起自己全部的艺术积累，不仅仅是用汗水，而且是用心血甚至是生命去塑造这个人物。终于，我同罗天福重叠交融到了一起，一个真实、充盈、丰满的罗天福跃然舞台，令观众由衷地叫好叫绝。

2012 年 10 月

▲ 担任2008年北京奥运会火炬手

▲ 2014年，李东桥收徒仪式演唱会剧场外等候入场的观众

"二度梅"获奖感言

○ 李东桥

尊敬的各位领导、各位专家、观众朋友们：

大家好！

作为一名来自大西北的秦腔演员，有机会参加中国戏剧"梅花奖"这个表演艺术领域的最高赛事并获得大奖，我十分高兴，也非常激动。二十七年前，不满二十五岁的我就参加了第三届"梅花奖"的角逐，得到了专家评委的肯定，获得了秦腔界第一个"梅花奖"。二十七年来，这份荣誉时刻鞭策、激励着我苦苦求索，努力攀登，不断创造出受到观众欢迎的人物，从而能够以比二十七年前更为成熟的姿态，来再次接受专家评委和广大观众的检阅，冲击"二度梅"这个重量级奖项。

此时此刻，我想用三个词来表达我的心情。第一个词是——感恩。我是陕西土生土长的演员，对滋养我成长的三秦文化，对培养我成才的陕西省戏曲研究院，对托举我的戏剧界专家和关注我的戏迷朋友，我的感恩之情难以言表。

第二个词是——感谢。我要感谢《西京故事》的编剧陈彦先生、导演查明哲先生，在我塑造的罗天福身上，同样凝聚着他们的心血和智慧，是他们助我冲刺大奖，与我一路同行。我还要感谢单位领导和全剧组的同事，以及所有关心爱护我的亲人、朋友，你们的信任、支持和鼓励、帮助，是我走向成功的前提和保障。

第三个词是——责任。赢得秦腔生角中第一个"二度梅"，不仅是我个人的荣光，更是整个秦腔事业的荣光。我深知，它在为我的人生增添一抹绚丽色彩的同时，也给我肩上增加了一份沉甸甸的责任。为了不辜负这份荣誉、这份期望，我只能毫不懈怠地负重前行，继续尽心尽力，为观众演出更多的好戏，创造出更多精彩的人物形象，以实际行动来回报社会、回报观众，为民族艺术添彩，为陕西戏曲增光。

谢谢大家！

2013 年 5 月

▲ 1986年，获第三届中国戏剧"梅花奖"

▲ 在秦腔交响音乐会上演唱

对"梅花奖"的认识和与"梅花奖"的缘分

○ 李东桥

以"梅花香自苦寒来"为寓意的中国戏剧"梅花奖",已经设立整整三十年了。三十年来,"梅花奖"发掘推出了一大批优秀的戏剧表演人才,催生了一大批高质量的精品剧目,创建出了具有中国风格的表演美学、表演方法和评价体系。三十年中,"梅花奖"共评选出六百多位获奖者,其中,"梅花大奖"七人、"二度梅"四十四人。这些"梅花奖"演员代表着我国表演领域最高水平,获奖后依然坚守舞台,深入基层,服务群众,使这个奖的社会影响力不断扩大。

1985年,二十四岁的我在新编秦腔历史剧《千古一帝》中扮演秦王嬴政,引起了专家的关注和观众的好评,因此剧有幸获得了第三届"梅花奖",是整个大西北秦腔剧种的第一位获奖演员。获奖后,我坚持勤学苦练,坚持为广大观众服务,多演戏,演好戏,从不敢放松自己。在二十七年漫长的岁月里,付出了努力,也赢得了赞誉。2011年

3月，我主演的秦腔现代戏《西京故事》轰动全国，我的表演得到了更大范围、更高层次的肯定，又一举荣获中国戏剧"二度梅"大奖。可以说，"梅花奖"不仅给了我艺术上的自信，还使我有了奋斗的目标，"梅花奖"化作一种强劲的动力，助推我不懈攀登，迅速成长，成为国家级非物质文化遗产项目秦腔代表性传承人。

  享受着鲜花和掌声，我会感到兴奋和激动，但感受更加强烈的，是沉甸甸的担当和责任。与许许多多造诣深厚的前辈艺术家相比，我是非常幸运的一代。获得"梅花奖"乃至"二度梅"，绝不仅仅是我自身努力的结果，也得益于台前幕后很多同仁的支持，得益于时代给我们提供了脱颖而出的机遇。因此，我将永葆感恩之心、进取之心，牢记使命、勇于担当，在艺术上刻苦钻研，在生活中加深积累，不断提升自己的素质，始终保持与观众的血肉联系，以继承传统、不断创新的姿态，演更多的好戏，为秦腔艺术、为"梅花奖"增光添彩。

2013 年 12 月

五

剧场回响

感谢信

《西京故事》观后感

院领导并《西京故事》全体演职人员：

你们天天向社会演出大型现代戏《西京故事》，成功地塑造了我们农民工的形象，并且每天免费赠票让我们观看，还通过华商报社赠票给我们，我们感到莫大的欣慰和自豪。在此，我代表所有进城寻梦的农民工，向你们表示由衷的谢意！

《西京故事》这部戏，感人肺腑、催人泪下、激人奋进，是一部好戏。《西京故事》有多有少、有长有短：少则写了两家人的故事，多则写了成千上万人的故事；短则写了罗家人三四年的故事，长则写了中华民族六七百年甚至上千年的故事。《西京故事》内容丰富，辐射面广，穿透力强，教育性大，剧中始终告诉我们如何做人的道理。请看看罗天福的诠释——即使生活再难，也绝不卖掉那两棵救命的紫薇树。罗天福的信念告诉我们，人生没有比脚更长的路，没有比人更高的山。

踏着"我大、我爷、我老爷、我老老爷"所走的路，慷慨激昂，从不塌腔。《西京故事》巧妙地揭示了当今社会的各种现象，如房价问题、就业问题等，引导我们如何找准人生的坐标和位置，值得我们每一个人认真观看。

家长如何教育孩子，请看看罗天福永不放弃、永不抛弃、循循善诱、身体力行的信念和方法吧。大学生如何找准个人定位、实现人生理想，请看看甲秀的回答吧。领导干部如何当好人民公仆，请看看社区主任贺女士亲民、爱民、为民的作风吧。《西京故事》舞台后面有一棵千年古槐，东方老人守着它、护着它。大树象征着我们中华民族的脊梁，这部戏就是在歌颂伟大的中华民族世世代代自强不息的奋斗精神。《西京故事》营造出令人震撼的声光电效果，再加上悠扬的主题旋律、逼真的舞台布景，搭配完美，尽显浓郁的生活气息与氛围，更加突出的是演员们的表演艺术，让人看后回味无穷。

在此，我们向《西京故事》的所有演职人员表示感谢！尤其要向罗天福、罗甲秀、罗甲成、淑惠、西门锁、阳乔、金锁、东方老人、贺主任以及秦腔人的扮演者致以由衷的敬意和亲切的慰问！向陕西省戏曲研究院的工作人员表示感谢！祝你们身体健康，越演越好！

此致

敬礼！

西安市一农民工

2011年3月22日

赞《西京故事》

《西京故事》唱人民,慷慨激昂真善美。

陈述西京新旧事,演唱城乡百姓情。

人民作家爱人民,人民作家人民爱。

人格榜样罗天福,做人现学李东桥。

甲成虚荣莫放弃,战备演唱终成器。

林泉出岫卫小莉,催人泪下最美丽。

相夫教子学淑惠,红花要好韩丽配。

活灵活现是阳乔,形神俱佳胡萍嫽。

西门锁要卫东演,功夫不浅说得诣。

娇生惯养金锁娃,多亏政府帮助大。

成功饰演官小良,《大树西迁》挑大梁。

阳光优雅童薇薇,爱心扮演李艳丽。

曹治中演东方雨,民族精神高举起。

望春嫂和赵慧霞，与时俱进没麻达。

李慧饰演贺春梅，热心爱民好主任。

秦腔人是李海浪，慷慨激昂不塌腔。

未来天福尚爱军，西京故事再续集。

甲乙丙丁农民工，还有若干大学生。

乐队指挥张德宁，个个人人都能行。

秦腔话剧连一体，观众拍手拍得美。

《西京故事》继续演，继续带人来观看！

此致

敬礼！

西安市一农民工
2011 年 4 月 15 日

秦土　秦人　秦腔　秦魂

有感于秦腔现代剧《西京故事》

○ 房海燕

从东北到陕西多年，伴随学校在咸阳生活二十多年倍感自豪，因为这是秦土地啊。我固执地认为，中华大地原点的地理位置与中华民族之根的文化地位汇聚咸阳，绝不是巧合，而是天意、地意、人意啊！中国人"天人合一"的自然观、文化观、生存观在古老的秦土地上完美呈现，天上人间、历史未来，常使我怦然心动。只是多年来秦腔未曾让我动心，过去对秦腔的印象是，男人沙哑用力吼，听不清吼什么，女人鼓劲用力唱，听不清唱什么，结尾一个"啊"字拖腔很长，观众鼓掌叫好，可我实在听不出好在哪里，久了才能听出那是秦腔。2011年5月27日，学校组织到陕西省戏曲研究院观看秦腔现代剧《西京故事》，就这么一看，先是惊颤、震撼，继而感动、唏嘘，以至肃然起敬。

《西京故事》——向你致礼，为你放歌！

震撼——《西京故事》

演出钟声响起,心被震撼了,眼前拉开的哪里是《西京故事》之幕,分明撞开了两千多年厚重的历史之门啊!随着秦腔旋律响起,我听到了远古秦人的苍凉之音、悲壮之韵,我看到了马背上秦人的金戈铁马、气吞山河……我的心颤抖了、顿悟了,在这一瞬间,我读懂了秦腔——原来秦腔的沙哑、悲切、昂扬,就是秦人的血泪史、奋争史、开拓史、文化史啊,那秦腔就是不屈秦魂的千年呐喊啊!"我大、我爷、我老爷、我老老爷就是这一唱,慷慨激昂,还有点苍凉。不管它日子过得顺当还是恓惶,这一股气力从来就没塌过腔"。这一唱,就从远古唱到了今天,唱出了昔日秦人一统天下的雄风,也唱出了今日罗天福"西京寻梦"的豪情。

亲切——《西京故事》

秦腔现代剧《西京故事》,亲切得触手可及。那孔庙、大树、矮房,就在离家不远的地方;那炉子、千层饼、打饼的农民,就是对面巷子口的人家;剧中的对白,就是生活中的日常惯用语……不觉得是在演戏、看戏,而是自己和邻家的故事、对话。剧中的时尚性,如金锁一亮相的时尚装扮,一张口的流行元素:"是《非诚勿扰》《坠入情网》,是《泰坦尼克号》上《爱你没商量》,你家《人在囧途》,我家《阿凡达》,

姐姐《要嫁就嫁灰太狼》。"让大学生倍感亲切，会心一笑，时尚，架起了古老秦腔与当代大学生握手的虹桥。而罗天福一家的故事——父母为供子女上大学忍辱负重、饱受磨难，就是观众席上许多大学生的父母正在经历的生活；罗甲秀、罗甲成在贫困中的不同生活态度，就是大学生自己的切身体验啊。它让台上台下在此刻灵魂共鸣、精神相契。

感动——《西京故事》

现代人已不轻易感动和流泪了，尤其是成年人。可《西京故事》却让我们这些人的泪水一次又一次地夺眶而出。是什么让我们感动？

当儿子罗甲成抱怨家里不是人待的地方，"破屋像牛圈，阴暗潮湿不见天"时，罗天福朗朗唱道："天底下能避寒遮风把雨挡，那就是安居乐业的好地方。"乐观豁达，满是阳光。

当罗甲成受到金锁羞辱而将金锁的手拧到背后，金锁赖在地上大喊"杀人"、金锁妈阳乔辱骂罗甲成为"农民工崽子"时，父亲罗天福谦卑地给金锁鞠躬："我给娃赔礼，我给娃道歉。"后又转向阳乔和西门锁继续鞠躬道歉："我们初来乍到，还望多多包涵。"当罗甲成无法蒙受羞辱愤然欲走时，罗天福语重心长地唱道："梦既然有，苦就该尝，日子迟早会过亮堂。咬咬牙啥事都通畅，那太阳一定会照上咱脸庞。"隐忍悲壮，满是希望。

当罗天福得知女儿捡垃圾卖废品为自己挣学费时，心如刀绞，流下悲怆之泪："闺女呀，你为何要这样亏欠自己，你为何要拒绝爹娘的补给？你为何要回绝乡上的惠及？你为何要退回亲戚的周济？吃了苦受了罪还只字不提。"懂事的罗甲秀回答父亲："儿知道爹娘累不堪压挤，儿懂得亲戚穷都有难题，儿不愿伸手要想靠自己，儿有手就能够自强自立。"听到这里，台下的大学生情不自禁，手举头顶热烈鼓掌，在泪水中暗自奋发。

"爹看到了希望，爹感到了荣光。有人说笑贫不笑娼，我闺女捡拾垃圾，自立自强，谁堪笑话，谁配中伤？闺女懂事又向上，我苦死累活都无妨。只是这口袋应该挎在爹肩膀。"掌声又一次经久不息，传递着大学生的感动与价值认同。

仅有磨难，只能带来悲伤苍凉，不会带来感动；仅有羞辱，只能带来苦楚心酸，不会带来感动；仅有艰辛，只能维持生物性生存，不会带来感动；仅有普通，只能带来平庸，不会带来感动。那到底是什么，是什么能带来感动？是梦，是寻梦的历程。为了那份迷人的美丽，饱受羞辱，在苦楚心酸中隐忍；历经磨难，在悲怆困苦中奋进；备受艰辛，在伤与痛中坚守；蜗居陋室，在寻梦中熠熠生辉。也许，这就是秦腔现代剧《西京故事》的魅力之谜吧。

敬礼——《西京故事》

敬礼——秦腔。居陕多年，秦腔旋律不绝于耳，未曾静下心听秦腔、想秦腔。《西京故事》的出现，石破天惊，成为生命的永恒印记，挥之不去，我永远记住了秦腔。苍凉、悲壮、隐忍、奋进的秦腔——中华民族的灵魂之韵，不正是一首秦人顽强奋斗、中华民族自强不息的壮阔史诗吗？尽管主旋律不似泉水叮咚明快悦耳，可它厚重大气、深邃情浓，是一个苦难民族、不屈民族、伟大民族的泣血呐喊！我个人认为，秦腔是最有资格反映中华民族伟大精神的音乐标识，是最能代表一个伟大民族生存态度的音乐形象。《西京故事》是其代表作。

敬礼——中国农民。中国农民，是中华千年古树延伸在广袤大地的根系，他们吸吮着千年中华文明的乳汁，承载着大地自然生命的给养，默默赓续着中华命脉，世代守护着中华根基。罗天福，当代中国几亿乡村人口中的一员，就是这样坚韧地守护着生命之树，顽强地护佑着生命根基，绽放着梦想的美丽。那满树的泪水催开了新时代的花蕾，千年古树又长出了逐梦的春芽。《西京故事》为大学生植入的文化根系，会成为青春放歌的生命奠基。

结　语

《西京故事》太简单了，简单到只有几位主演、几个场景、几段情节，可它又太厚重了，文化厚重感、情感厚重感、精神厚重感、时代厚重感扑面而来。我想说很多很多。一是希望陕西和全国的大学生都能看到此剧，一场《西京故事》的教育效果，远胜过学校多堂课的说教，因为大学生的思想教育更是情感教育。二是期盼更多触及大学生心灵的秦腔好剧问世，产生良性互动，大学生有能力对秦腔文化内涵有更深层次的感悟，爱之、吼之、吟之、传之，古老的秦腔与新时代的大学生联手会成为校园时尚，会走得更远。三是期盼秦腔能申报世界级非物质文化遗产，因为它的韵律最能反映中华民族的特质。四是《西京故事》主旋律"这一股气力从来就没塌过腔"，折射出一种使命与担当，吼出了世代中国人、当下大学生、大众群体的共同心声，会成为校园与社会的流行曲和经典曲。

最后，我想说，《西京故事》的编剧、导演、全体演员和工作人员，请接受一名来自高校的思想品德课教师的鞠躬致意。谢谢你们，让我们学到很多、感慨很多、振奋很多！

2011年6月1日

房海燕　陕西科技大学思政部教师。

在省委宣传部组织的《西京故事》研讨会上特邀戏迷代表发言

西安某酒店高管李先生：

我是戏曲研究院的追随者，人说生活如演戏，演戏靠生活，《西京故事》这部戏成功，首先得益于戏曲研究院整个创作班子和领导集体，它是深入生活的，功底是非常深的。它非常贴近群众，和我们的心很近，贴近我们的良知。农民工得到一种同情理解；普通的老百姓对现实中的农民工有了新的认识，对他们的现实生活有了深刻的理解和尊重。从这个层面讲，既唤醒良知又促进和谐。从观赏性、艺术性上来看，这台戏从舞美、灯光设计，到整个故事的编排，都接近于现代人观赏的习惯，所以大家都乐于去看。我曾带了几个外地朋友来看这部戏，他们本来抱着怀疑的态度，结果一直看到最后，还都很动情，都哭了，对咱们秦腔给予了很高的评价。戏曲研究院近几年的几部大作，人文关怀更深厚了，秦腔其实是非常有底蕴的艺术，希望戏曲研究院创作更多更好的秦腔作品，丰富广大人民的文化生活。同时通过秦腔拉近和人民的距离，给人民心中种下一颗美好的种子，从而提高人民的文化素养。再次感谢《西京故事》剧组为广大市民带来文化盛宴。谢谢！

西安市农民工张宏达：

感谢陈彦院长、查导和李东桥等艺术家这二十多天给社会奉献了这么好的秦腔戏。1995年我带着两个孩子一家四口来到西安文艺北路开了一家宏达商店，其中《西京故事》罗天福所发生的故事我全都遇到过，我的体验有些他还没有，所以我对这个戏感同身受。从8号看彩排，到现在我只有两场没看，其余全都看了。为什么天天看？是因为这部戏写的就是我们家的故事，罗天福写的就是我，我就是罗天福。可我与罗天福的人格魅力、精神情操还相差太远。这部戏我是越看越爱看，看不够，我默默地流泪，起劲地鼓掌。从前到后的道白和唱词，我基本上都记得差不多了。

我看戏有三个阶段。第一个阶段是带亲人和朋友去看。第二个阶段是找答案，对照罗天福找人生的答案——罗天福是怎样教育孩子、处理孩子的问题的？罗天福是怎样处理和房东的矛盾的？我来找答案。老罗的担子要老罗咬着牙往前扛，我家的担子还得我担着，所以这部戏，就是仁者见仁、智者见智，适合不同的人去看。这部戏写得太好了，它给了我们生活的信念，遇见任何问题，永不放弃。千百次的播种真善美的种子，即使种子永远不发芽、永远不结果，仍然悉心灌溉。

这是一部励志的戏，是一部净化心灵的戏。这个戏成功歌颂了我们农民工进城打工的事，成功地歌颂了仁义道德，是为我们底层的人写的传，我们怎能不为它叫好?! 我在这里向陈彦院长、向李东桥等艺术家深深地鞠躬，向你们敬礼了！

看这部戏的第三个阶段，是我想自己能为这部戏做点什么。我晚上看戏，然后写观后感。我的能力有限，呼吁全社会来看戏吧，如果你的孩子教育不好就来看这部戏吧，如果你的人际关系处理不好就来看这部戏吧。《西京故事》是一个关于进步的故事，是一个关于考验人心的故事，是一个弘扬中华民族几千年来艰苦奋斗、自强不息的故事，是一个歌颂感恩的故事，是一个关于激发内心潜能的故事，是一个创造历史的故事，是一个关于仁爱的故事，是一个关于大学生的故事，是一个如何教育孩子的故事，是一个歌颂亲民、爱民、助民的基层领导的故事，是一个关于远见的故事，是一个文艺创新的故事，是一个大画面的故事，是一个发人深省的故事，是一个触及灵魂的故事……这个故事不断地演绎着许多可歌可泣的故事，我们要大力宣传这个戏，使更多的人都看到这部戏，使人人都能在这部戏中受益。

在人前进的道路上，永远都雕刻着三个字——起跑点。人生就像大海奔流，不遇到岛屿和暗礁，就难以激起美丽的浪花。

▲在陕西省文联组织的采风活动途中，在火车上联欢演唱

▲ 为群众演唱

六

舞台风华

▲ 在新编秦腔历史剧《千古一帝》中饰秦王嬴政，任小蕾饰魏姬

六 舞台风华

▲ 在新编秦腔历史剧《蔡伦》中饰蔡伦

▲新编秦腔历史剧《蔡伦》剧照

▲ 在《拆书》中饰伍员　　▲ 在秦腔折子戏《洞房》中饰田玉川，齐爱云饰卢凤英

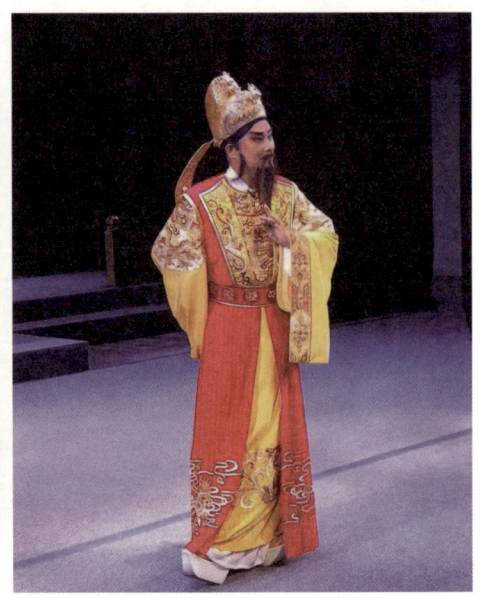

▲ 在《火焰驹》中饰李彦荣　　▲ 在碗碗腔《杨贵妃》中饰唐明皇

▲ 在秦腔现代戏《红灯记》中饰李玉和

▲ 在新编秦腔现代戏《根据地》中饰赵忠翰，赵超峰（左）饰特派员

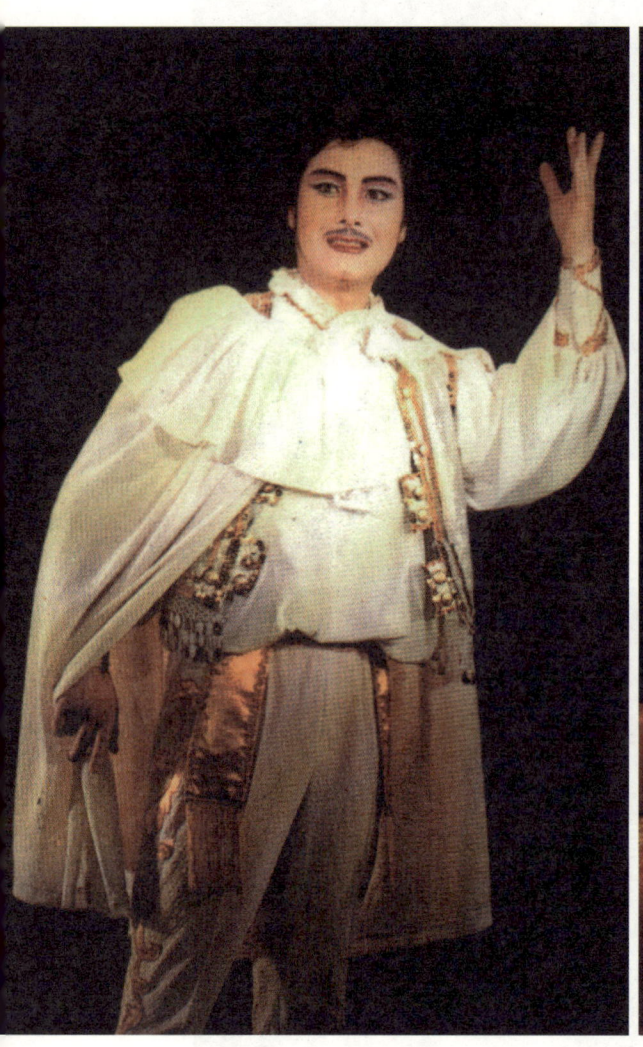

▲在由芬兰同名话剧改编的碗碗腔《真的，真的》中饰卢巴克，李瑞芳饰阿格法

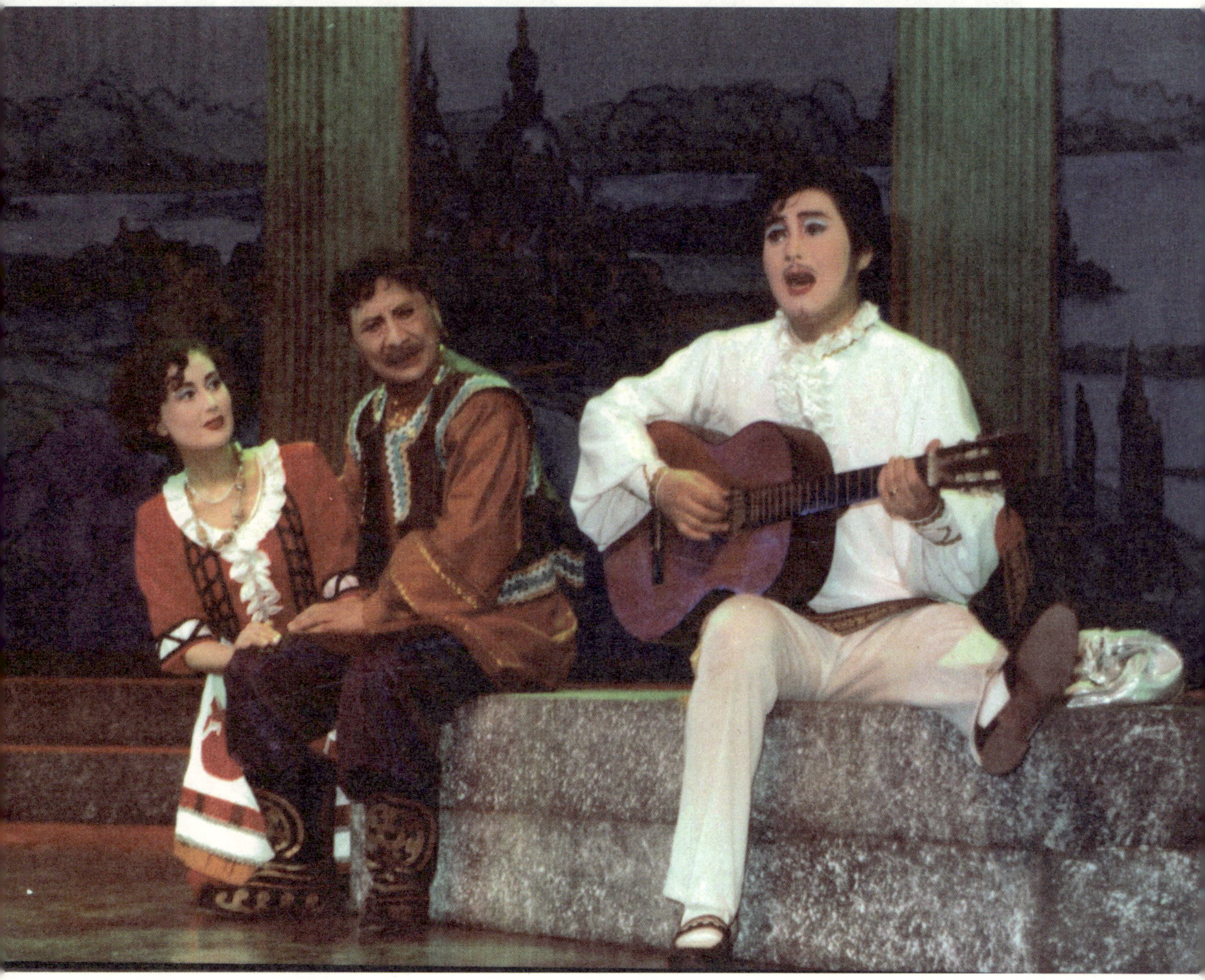

▲在新编秦腔历史剧《杜甫》中饰杜甫

六 舞台风华

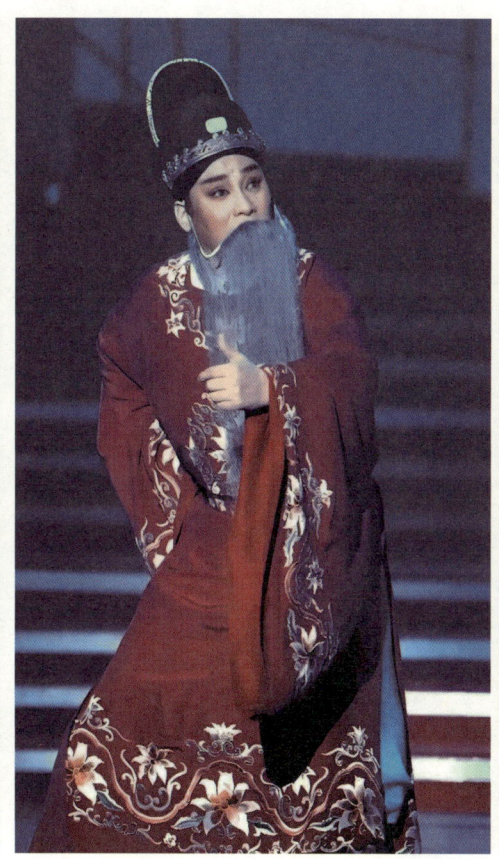

▲ 在秦腔折子戏《黄鹤楼》中饰周瑜

六　舞台风华

305

▲ 在新编现代戏《家园》中饰市长

▲ 在秦腔《江姐》中饰甫志高，郝彩凤饰江姐

▲在眉户现代戏《留下真情》中饰金哥，李梅饰刘姐

▲在2004年陕西省戏曲研究院春节联欢会上反串饰桃小春

▲在秦腔折子戏《杀狗》中反串饰焦氏　　▲在秦腔折子戏《杀狗》中饰曹庄

▲秦腔折子戏《杀庙》剧照

▲在秦腔折子戏《杀庙》中饰韩琦，卫小莉饰秦香莲

▲在秦腔传统戏《赵氏孤儿》中饰赵朔，贠宗翰饰程婴（左），郝彩凤饰公主（右）

▲ 2000年，在新编秦腔历史剧《太尉杨震》中饰杨震，王新仓饰王密

▲ 2019年版《太尉杨震》剧照

▲ 在新编秦腔历史剧《天地粮仓》中饰张载

▲ 新编秦腔历史剧《天地粮仓》剧照

▲ 2009年，在"盛世长安"晚会上饰唐僧

▲ 在秦腔《谢瑶环》中饰袁行健

▲ 在秦腔折子戏《挑袍》中饰关羽，齐爱云、卫小莉分饰甘、糜二夫人，杨运饰马童

▲ 秦腔折子戏《挑袍》剧照

六 舞台风华

▲ 在新编大型秦腔现代剧《西京故事》中饰罗天福，王战备饰罗甲成，卫小莉饰罗甲秀，韩丽饰罗妻

六 舞台风华

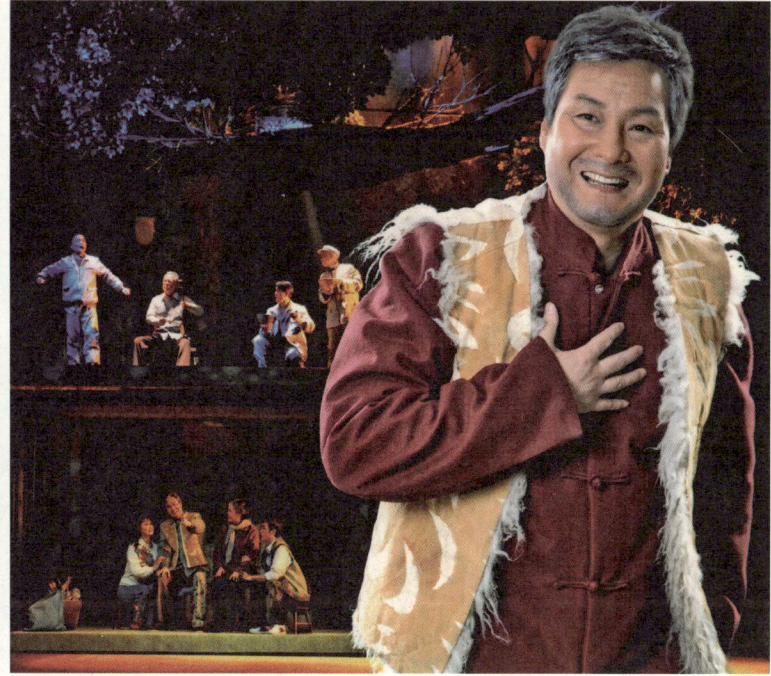

▲ 在新编商洛花鼓戏《紫荆树下》中饰田忠仁，吴静饰田忠义（右），史锋饰田忠信（左）

▲ 在八集戏曲电视连续剧《山里世界》中饰云龙，吴德饰老支书，李小平饰春兰

七

屡获殊荣

1985

▲ 1985年全国戏曲观摩演出获奖证书及奖盘

1986

▲ 1986年第三届中国戏剧"梅花奖"获奖证书及奖盘

1986—2005

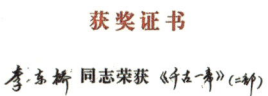

2007

▲ 2007年"陕西省先进工作者"奖牌及证书

2008—2011

2012

▲2012年"上海白玉兰戏剧表演艺术奖·主角奖"奖杯及证书

▲2012年"中国戏剧奖"奖杯

▲2012年"中国现代戏突出贡献奖"奖杯

七 屡获殊荣

2013

▲2013年第二十六届中国戏剧"梅花奖·二度梅"证书及奖盘

▲ 2013年"文华表演奖"奖杯及证书

▲ 2013年"中国戏剧奖"奖杯

七 屡获殊荣

2014—2017

八

薪火传承

徒弟的话

李健豪：跟随师父学习十多年，从师父身上学到了做人的品质和对艺术的精神。向师父致敬！

雷小均：师父让我懂得了许多做人做事和从艺的道理。

潘小亮：师父，我爱您！

高武平：一日为师终身为父，我将努力把师父的艺术发扬光大。

张文剑：师父教导我最多的是"细节决定高度"。

王少华："戏要讲究不能将就"是师父给我的最大启示。

吴　静：我时刻谨记师父的教导：认认真真做事，踏踏实实做人。

周昌岐：李东桥老师是我们秦腔生角演员的标杆和典范。

王战备：师父是我秦腔艺术道路上正道直行的领航者。

李小青（中国戏剧"梅花奖"获得者）：师父对秦腔艺术执着追求的精神是值得我一生追逐的光。

王　航（中国戏剧"梅花奖"获得者）：师父在精神上的鞭策鼓励、艺术上的倾囊相授，助我"夺梅"路上披荆斩棘、勇往直前。

郭　军：师父教导我：学艺没技巧，勤奋刻苦是唯一的捷径。

赵超峰：师父是一个心地善良、为戏而生的艺术大家。

史　锋：我将以师父为榜样，在秦腔艺术道路上继续坚定前行。

郭百林：愿师父艺术之树长青。

李　航：在师父身上，我看到了中华戏曲的无穷魅力和强大生命力。

张卫珍：我对师父的感激、感恩、感念之情难以言表。

▲ 师徒合影（后排徒弟从左至右）：
李健豪　雷小均　潘小亮　高武平　张文剑　王少华　吴静　周昌岐　王战备　李小青　王航　郭军　赵超峰　史锋　郭百林　李航　张卫珍

编后记

东桥的背影

今年,是秦腔表演艺术家李东桥先生从艺五十年的辉煌节点。半个世纪的磨砺,半个世纪的攀登,今天的李东桥俨然已站在了秦腔艺术高峰的顶端,成为当之无愧的秦腔领军人。感谢东桥的信任和重托,我荣幸地担当了《半世晨晓——李东桥从艺五十年纪念文集》的主编,带领一干精兵强将,迅速地投入到工作之中。

五十年,李东桥走过了很长的路,演出了许多戏,荣获了许多奖。文字类的新闻报道、戏剧评论、艺术交流、观众反馈,图片类的剧照、奖牌、奖杯、领导接见、专家题词,等等,浩瀚、繁多而冗杂、零乱,要在较短的时间里交给出版社,难度可想而知。潘博、吴静、李健豪、王晓旭、陈答才等同仁在与我达成共识后，便分头搜集资料、输入文本、收录图片，在炎炎夏日里，全凭了一腔热情，紧锣密鼓辛勤劳作，终于按规定期限顺利交稿。

编辑是一个有趣却辛苦的职业。每当书稿付梓，在欣慰的同时总是心存忐忑，可能挂一漏万，总会留有遗憾，这次也不例外。但是我们尽力了。但愿再过十年、二十年、五十年，那时的人们还能从这本书中寻觅到一位堪称伟大的秦腔表演艺术家的足迹，领略到一丝李东桥当年在舞台上的风采，并从中感受到秦腔艺术的发展、秦腔剧目的璀璨，那样我们就满足了。

本书收录有对李东桥几十年来演出剧目的剧评，有李东桥获得国家级、省部级各种大奖的记录，有对他演艺生涯的推介、表演风格的解析。人们可以清楚地了解到，这是一位挺立于秦腔舞台表演艺术金字塔塔尖上，身披彩霞熠熠生辉的艺术家。他身姿挺拔，扮相俊朗，表演灵动鲜活；他声音洪亮，音质优美，唱腔韵味醇厚，具备极佳的优越条件，属于"天选艺术家"之列。可是，作为长期关注、追踪报道、近距离观察李东桥的文字工作者，我在光鲜亮丽的光环下，看到更多的，却是他不为人知的努力与艰辛。

1999年开始从事戏剧理论工作的我，虽然遗憾地错过了李东桥年轻时的成名作《千古一帝》，以及他演出的《蔡伦》《留下真情》《真的，真的》等剧目，但由于工作的关系，从《杜甫》《太尉杨震》到走南闯北盛演不衰的《西京故事》，我每场必看，且每次都会为他的精彩表现击节赞叹，为他的辛苦付出而感动震颤。无论在豪华的国家大剧院或是在大专院校简陋的舞台，无论是有国家领导人观看还是农民工专场，他的表演都是一丝不苟，全身心地投入，不会有一点走样。他把全部的生命能量都赋予角色，用自己的心血与汗水，浸泡出了一个个光彩夺目的人物，他无愧于顶尖级秦腔表演艺术家的殊荣。

我亲眼看到过李东桥在演完《杜甫》后极度疲惫虚弱地被两人架着回家的情景；亲眼看到过在被称作"火炉"的某城市职业学院没有制冷设备的大棚里演出时，热晕了的东桥把整盒清凉油涂在头上……凡此种种，不胜枚举。在这个时候，所有台前幕后的工作人员，任谁都会心疼，都会敬佩，都会由衷地感慨这位艺术家的不易吧。

2011年横空出世的《西京故事》一口气演了一百多场，我一直随团采访报道，也观看欣赏了一百多场，每每为深邃感人的剧情落泪，更为李东桥的表演和唱腔鼓掌叫好。但记忆中最刻骨铭心的，却是罗天福的一个背影：儿子闯祸伤了人，父亲踉跄一下，遂决定用辛辛苦苦打饼攒下来的钱来赔付人家的医药费。只见他缓缓转过身去，弓着背，奓着肩，拉着腿，一步、一步，走向舞台深处，脚下千钧重，却步子笔直且步履坚定。那背影，分明述说着父亲的无奈、无助和沮丧，诉说着世间的沧桑与悲凉；那每一步，都重重地击打在观众的心上，让人揪心，令人唏嘘。"东桥的背影都是戏。"这是当年采访中听到过无数次的一句话，我深以为然。

由此我在想，我们今天所做的，也许仅仅只能像当年在台下那样，紧盯着舞台上李东桥的一举一动，尽力为读者描绘出他那充盈着戏剧性的背影吧。即使这本《半世晨晓——李东桥从艺五十年纪念文集》无法巨细靡遗地还原出李东桥五十年艺术成就的全貌，也但愿可以为读者提供一个走近李东桥的角度，带给大家一点心灵的触动。

戴静

2024 年 7 月 20 日